食品衛生のプロが教える 飲食店の HACCP(ハサップ)が よくわかる本

大坪晏子

村岡　滋／高橋　信／今泉真昭　著

まずは5Sやるぞー!!
HACCP
導入だー!!

オー!!　　オー!!

旭屋出版

はじめに

お客様に安全な食品（料理）を
届ける（ご提供する）ために！

　近年、食生活の多様化が進み、食品流通の広域化、消費者の健康志向の高まり、変化する人の行動、気候のめまぐるしい変化などにより食品からの健康被害が多くなってきています。

　不具合のある、安全性が保障されていない料理が提供されたら、楽しいはずの食事が台無しにされ、期待が裏切られてしまいます。

　この5年間の食中毒の年間発生件数は約1000件と高どまっています。この中で飲食店は約60％を占めています。このような食品の安全性にかかわるさまざまな問題を受け、2018年6月に食品衛生法の改正が行われました。厚生労働省は一層の衛生管理を推し進めるため、ここでHACCP（ハサップ）の義務化を2020年6月（1年の猶予あり）までと決めました。

食中毒の発生件数

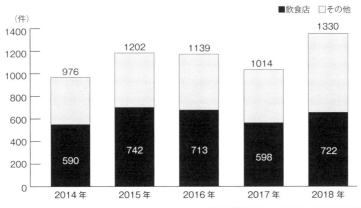

（厚生労働省「食中毒統計資料」より作成）

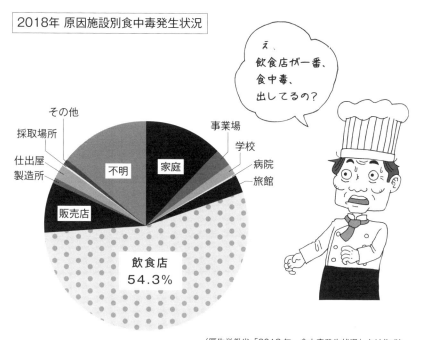

2018年 原因施設別食中毒発生状況

え、
飲食店が一番、
食中毒、
出してるの？

その他
採取場所
仕出屋
製造所
不明
家庭
事業場
学校
病院
旅館
販売店
飲食店
54.3%

（厚生労働省「2018年　食中毒発生状況」より作成）

　しかし、小さなお店でHACCP（ハサップ）を実行するのは時間的にも費用的にも大変です。そこで厚生労働省は従業員50人以下のお店では「HACCPの考え方を取り入れた衛生管理」（いろいろな関連業界が取り組みやすいようにマニュアルを作成しています）を導入してほしいと言っています。これは今まで行ってきている衛生管理に調理の重要ポイント（○○、温度とか時間）を付け加えた衛生管理計画（調理のルール作り）を作り、日々それが実行できているか確認し、記録していこうというものです。これができると「衛生管理の見える化」につながり、これから増えてくるであろう海外からの働き手にも確実に仕事を行っていただけるようになります。

　HACCPというと、認証を取らなければならないかと思われるかもしれませんが、厚生労働省は認証を取得しなさいとは言っていません（食品の輸出な

どを行う食品製造企業は認証を要検討）。しかし、保健所が立ち入り検査をするときはHACCPに沿った衛生管理を行っているかどうかを確認します。また、HACCPを導入したら、そのことをお店のお客様に知ってもらい、信用を高めるために、衛生管理計画書を見える場所に貼り出すなどの方法をとることもあります。

　今回の義務化のポイントは「衛生管理計画」を作り、「記録する」にあります。日々、衛生管理ができているかを考えながら確認して、不具合があったときだけ特記事項として書き残すのは大変です。しかし決まったフォーマットに記録が簡単に残せられれば、後々不具合があったときにお店で何が起こっていたかを知ることができ、お店や料理の改善に役立てることもできます。

　この頃はＡＩが普及してきています。音声で記録するなど、衛生的でかつ手軽に記録できる方法も近いうちに開発されていくでしょう。

　お客様の信頼を裏切らないために、なくてはならないのが「衛生管理」です。

　安全な食品を提供することで皆様自身を守ることにもなり、お店として安全な食品作りをアピールすることもできます。ぜひ、頑張って実施しましょう。

　なお、後に出てくる衛生管理計画表や確認記録票のひな型は、本書の最終頁、及び下記のホームページに紹介しました。使いやすいように加工して活用していただければと思います。

［合同会社フードプラスHP］　http://www.food-plus.jp

HACCP（ハサップ）とは

　HACCPとは、飲食店などの食品事業者が原材料の受け入れから調理の手順において、微生物による汚染や異物の混入など人の健康を害する危険性を予測したうえで、その危険性の防止につながる特に重要な手順か所を連続的に確認し、記録する方法で、Hazard（危害）Analysis（分析）and Critical（重要）Control（管理）Point（点）の頭文字を取ったものです。

　この手法は、1960年代にNASA（アメリカ航空宇宙局）が宇宙飛行中の食事の安全性を確保するために考案した食品衛生管理システムです。

　日本でも1990年に「食鳥処理場におけるHACCP方式による衛生管理指針」が策定され、1996年には「総合衛生管理製造過程」による食品の製造が一部の業種によりスタートしました。

　そして2018年6月に食品衛生法が改正され「HACCPに沿った衛生管理の制度化」が決まりました。これにより2020年施行（1年間の経過措置がありますので2021年完全施行）となり、企業の規模や業種により「HACCPに基づく衛生管理」または「HACCPの考え方を取り入れた衛生管理」を行うことが義務づけられます。

え??
うちもHACCPだってぇ
・・・・???

HACCP（ハサップ）ってなんだ？
どうやったらいいのか…
従業員もみんなで勉強しなきゃ

目 次

老舗料亭の調理人が
ノロウィルスの感染源だった！
客半減、信用回復に10年

事故発生！

　10余年前のこと。とある老舗料亭で食事をした約70名のお客様が、家に戻られておう吐、下痢の症状を訴えられました。ノロウイルスによる食中毒でした。

原因究明！

　お客様それぞれがお住いの管轄の保健所報告から共通して浮かび上がったのがこの料亭。店主が青くなって調べたら、3人の調理人がその前々日に二枚貝を食べたという事実が判明しました。ノロウイルスは75℃3分以上の加熱で死滅するのですが、この時の原因はお刺身でした。

この失態！

　老舗料亭とはいえ、衛生教育の徹底は別問題です。調べが入ってみると

・検便はしていても、ノロ検査に意識はなかった。
・二枚貝の危険性についての教育はしていなかった。
・衛生的手洗いと、従業員の健康管理をしていなかった。
・検食は一部の料理しかとっていなかった。

大改革でV字回復

　2日間の厨房封鎖ののち、店主は衛生設備を充実させるとともに衛生の5S教育（P．20参照）を徹底させ、記録と情報共有にも力を入れる大改革をしました。しかし、一挙に半減した売り上げが回復するまでに10年かかりました。

本当にあった話　その2

布タオルを
ペーパータオルにして
売り上げ増！

事故もないのに！

　立ち飲みで人気の居酒屋バールの店主から、相談を受けました。既に売り上げも上々だし、衛生管理もできているお店でした。なのに、なぜ？

ワンランクアップしたい

　若い店主は、現状に満足していませんでした。メニュー開発やサービス向上はもとより、衛生的にも頑張っていることを見せたい。それにはどうしたらいいでしょうと。

ペーパータオルを見せましょう

　すでにトイレには導入していた使い捨てのペーパータオルを、キッチンでも使いましょうと提案しました。キッチンの、お客様から見える高さにセットしてそこまで手をあげて一枚、一枚取り出して、ふいては捨てる、の行動を見せるのです。

その後の売り上げ、好調

　この小さな改革は、お客様へのアピールになったとともに、キッチンスタッフの意識改革にもなりました。その後、売り上げも伸びています。

まかない食で食中毒
猛反省で信用回復。
でも、心に痛い傷

事故発生!

　2年前のこと。とある宿泊施設のまかない食で食中毒が発生。腹痛を訴えた職員の検便から黄色ブドウ球菌が原因とわかりました。3日間の営業停止になりました。

原因究明

　原因は従業員の一人が手に傷があるにもかかわらず、絆創膏も張らず、手袋もしないで「これくらい」と調理に携わっていたことでした。

対策に追われます

　長期滞在者のいる宿泊施設のこと、3日間とはいえ厨房の使用禁止は一大事です。至急、外部に発注して持ち込むことで急場をしのぎました。

改革に陣頭指揮

　施設長は、それまで気を付けていたつもりだっただけに、自分の盲点に猛反省。1年に一度、保健所に出張講習を依頼し、現場改善、従業員の意識改革に自ら陣頭指揮を執り始めました。と同時に記録を毎日徹底して取るようになりました。

　しかし、SNSに残っている風評だけは消せず、いまだ心に傷を抱えています。

本当にあった話　その4

「女性客を増やしたい」に
成功したうどん屋が
したこと

女性客にもっと来てほしい

　手打ちうどん屋の主から「どうしたら女性客が増えるんだろう」と相談を
受けました。ランチも夕食も営業している個人店でした。

なにがいけないのか？

　お店に入ると、整理・整頓はそれなりにできていましたが「清掃」が今一歩
に見受けられました。トイレののれんが薄汚れ、スイッチには粉が付いてい
ます。卓上の小物をどかすと小さなゴミがザラザラと、拭ききれていません。

メニュー改革も大事

　女性は細やかなところにも目が行きます。セルフでとる小皿料理が置いて
あるショーケースのガラスはもちろん、レールの溝掃除も必須です。メニュー
は小うどん、小どんぶりの選択肢も増やしたり香の物（漬物）もサービスしたり。
食器はすべて100均店で取り揃えました。

アドバイスの3か月後

　3か月後に行ってみると、店内はこざっぱ
りと清潔な印象のお店に変わっていました。
聞けば女性客は目に見えて増え、売り上げは
前年度対比120％増とのことでした。

本文に入る前の基礎知識

　HACCP導入には段階があります。今回の導入レベルは右の表の左2列です。本書はこの導入を目標にして話を進めています。

　右ページ左側2列の太枠で囲んだものは、今回、厚生労働省が食品衛生法の一部改正に伴って制度化し、全ての食品事業者へのHACCP取り入れを行うとした模式図です。会社の規模（従業員数で50人で区分け）で「HACCPの考え方を取り入れた衛生管理」と「HACCPに基づく衛生管理」に分かれますが、どちらも食中毒の削減のため取り組んでもらうという内容です。HACCPというと難しく聞こえるかもしれませんが「HACCPの考え方を取り入れた衛生管理」は、今まで行ってきている衛生管理を整理し、一部を文書化し、記録をとっていきましょうというものです。特に新たに設備を導入しろというものではありません。誰でも「何を行わなければいけないか」、「もし間違ったらどうするか」が判るように、日々それを行っていることを実証するために「記録」しようというものです（今どきよく言われている「見える化」するというものです）。

	HACCP 制度化		JFS 食品安全マネジメント規格		
導入	義務（改正食品衛生法）		任意（事業差別化）		
レベル	HACCP の考え方を取り入れた衛生管理	HACCP に基づく衛生管理	JFS-A	JFS-B	JFS-C
要素	業界手引書による簡略化 HACCP	Codex HACCP	FSM マネジメントシステム Codex HACCP 弾力的運用	FSM マネジメントシステム Codex HACCP	FSM マネジメントシステム Codex HACCP
	GMP 一般衛生管理	GMP 一般衛生管理	GMP 一般衛生管理	GMP 一般衛生管理	GMP 一般衛生管理
維持管理	衛生監視指導（保健所）		JFSM 規格改定 信頼性プログラム 監査会社管理 適合証明監査	JFSM 規格改定 信頼性プログラム 監査会社管理 適合証明監査	GFSI ベンチマーク 国際認定フォーラム 認定機関管理 信頼性プログラム 認証機関管理 認証審査

【使用語句の説明】

Codex：国連の専門機関である国連食糧農業機関（FAO）と世界保健機関（WHO）が合同でつくった、国際的な食品規格。

Ｊ Ｆ Ｓ：Japan Food Safety Management Association、つまり一般財団法人食品安全マネジメント協会のこと。

JFS-C：このレベルになれば、FSSC22000、ISO22000、SQF2000 とほぼ同等の内容になる。

Ｇ Ｍ Ｐ：Good Manufacturing Practice、つまり適正製造規範のこと。

衛生管理：原材料の受け入れ・調理・提供などの一連の段階で病原微生物の汚染を防ぎ、腐敗・変敗を防止し、有害な化学物質や金属などの硬質の物質の混入を防ぐために、あらゆる手段を講じること。

食品衛生を家に例えると、土台や本体にあたるのが「一般衛生管理（清掃、従業員の健康管理、手洗いなど）」で、「HACCP（調理工程において健康に被害を与える危険性を事前に考え管理する）」は、それらが整って初めてかけられる屋根のようなものと考えていただければわかりやすいかもしれません。

　右側の3列は比較のために置きました。日本におけるHACCP認証（その食品事業者がHACCPを行っていることを第三者機関が認め、証明書を発行するもの）のあらましです。海外機関の認証も同様の構成となっています。認証には一般衛生管理とHACCP、それと全体のシステムを維持管理する機能を付け加えています。多くの文書の作成と、検証のための時間が必要となります。

　今回の厚生労働省の制度化では、HACCPを取り入れ行っても認証したという証書が発行されるわけではありません。保健所が検査に入ったときに確認するだけです。食品を輸出したいと思われている方々には大変でも第三者機関での認証（例えばFSSC22000、ISO22000、JFS-Cなど）の取得が必要になります。詳細は認証機関との打ち合わせでお尋ねください。

第1章

あなたのお店の商品は
安全ですか？

HACCPを急ぐ前に
「当たり前ができてる？」の身辺確認

1 当たり前のことができて初めて、HACCP に進めます

　HACCPを導入するその前に、当たり前ですが、まず、日頃から常識的な食品衛生管理が実施されていることが重要です。そもそも営業施設の設備や機器・器具類は、食中毒菌などの汚染が最小限になるように設計、配置されています。

　あとは使う人の適切な保守点検や定期的な清掃、洗浄、殺菌、これが食中毒菌の汚染や増殖を防ぐための基本であり、このほとんどがHACCP対象項目なのです。

　営業施設の設備、器具類の清掃、洗浄、殺菌を日常的に繰り返しているお店は、すでにHACCPの基本の大半を作業の一つとして毎日実施していることになります。であれば、部分的に補足したり従業員の誰にでもわかるように説明や図を書き入れ、遵守されているかを記録に残すことで、HACCP導入が進むことになります。

さあ、
前へ
進みましょう

そうじは毎日
消毒は定期的に
HACCP、
いける気が
してきたな

法律家の立場から

「当たり前」ができていないとしたら

　お客様と飲食店との間では、「ざる蕎麦一枚頂戴！」「はいよ！」という注文が日常的に交わされます。でも、「害虫や菌がいないところで調理された、衛生的なざる蕎麦一枚頂戴！」「はいよ！」…こんなやりとりを聞いたことがありますか？　ありませんよね。

　では、「衛生的な」という条件をつけて飲食物の注文を受けたわけではないのだから、「衛生的でない」飲食物を提供しても契約違反にならないのか、というと、そんなことはありません。

　注文する料理が衛生的であることは、お客様としても当然の前提ですし、飲食店としても、衛生的な料理を提供することは暗黙の了解となっています。

　実は、この点については、法律でも考慮されています。契約を履行、つまり約束を果たす際に相手の生命や健康を害することのないよう注意する「安全配慮義務」と呼ばれる義務が、いちいち言うまでもないが信義則上当然のこととして課されています。ですので、「衛生的な飲食物」などと言われなくても、飲食店は当然のこととして衛生的な飲食物を提供しなければなりません。不衛生な飲食物を提供することは、安全配慮義務違反・契約違反となってしまいます。

　この安全配慮義務に違反すると、債務不履行責任と呼ばれる責任を負うこととなり、飲食店は代金を支払ってもらえないどころか、お客様に損害を賠償しなければならない場合もあるのです。

（今泉真昭）

2 食品の衛生管理は３段階。 土台は５Ｓ（７Ｓ）

　今回目指すHACCPは、日常的な衛生管理（建物で言うと土台と建物本体）が整って初めてかけられる屋根のようなものです。

　ここでは、建造物の土台となる５Ｓあるいは７Ｓについて復習しておきましょう。

```
      ╱╲
     ╱  ╲
    ╱HACCP╲
   ╱(ハサップ)╲
  ╱──────────╲
  │ 一般衛生管理 │
  │──────────│
  │  5S（7S） │
  └──────────┘
```

1．５Ｓとは

　HACCP導入の第一歩は、日常の衛生管理の繰り返しです。この日頃の衛生管理を「５Ｓ」といいます。５Ｓとは「整理・整頓・清掃・躾・清潔」という５つの言葉のローマ字表記の頭文字の「Ｓ」です。これに「洗浄・殺菌」を足して「７Ｓ」という言葉もあります。ちなみに、よく混同される「工業５Ｓ」は「効率」を目的としていますが、ここで述べている「食品衛生5S」は「清潔」を目的としています。

　HACCPにとって「５Ｓ」が重要なのは、「５Ｓ」での改善や習慣化ができると、HACCPの本体となる一般衛生管理項目をクリアしやすくなり、HACCP導入に取り組みやすくなるからです。

2.5Sを実施するメリット

　5Sのメリットは、いくつもあります。

　まず、従業員の食品安全への意識が上がり、コミュニケーションもよく
なりますから従業員の定着率が上がります。そして、汚染防止などの取り組
みが進んで食中毒を未然に防ぐことができればお客様からの信用度が高まり、
お店のイメージは良くなります。さらに、在庫管理ができ、ロスも減り、利益
向上につながる、というわけです。調理現場の環境整備である5Sが実践さ
れると、仕事はやりやすくなり、清潔になることでお客様に提供する料理の
二次汚染や異物混入も予防でき、安全も確保されます。

　しかし、5S活動がうまくいかなければ不衛生な環境もいつの間にか風
景化して気にならなくなってしまい、食中毒や異物混入のクレームは繰り返
されるのです。

3.何から始めましょうか

　まず、大切なのは、経営者(オーナー)のHACCP導入宣言です。これで経営
者のやる気、本気を従業員たちに伝え、全員参加で取り組む機運を作らなけ
れば何も始まりません。

　そのうえで、このあと詳
細に述べる5Sを見直し
てください。そしてさらに、
「洗浄」と「殺菌」を加えて
「7S」が整うと、いよいよ
HACCPと呼ばれる手法へ
と進みます。

まずは5Sやるぞー!!
HACCP
導入だー!!

オー!!　　　　オー!!

4.「7S」までやれるとさらにいい

　厚生労働省は衛生管理(HACCP)の具体的な手法として、5S活動の実践を進めています。しかし、HACCPに進むには「7S」まで進んでいただきたいと思います。食品衛生7Sの特徴は、5Sに「洗浄」「殺菌」を加え、目的を「微生物レベルの清潔」にしたことにあります。

　ここで、食品衛生7Sの各々の言葉の意味を下の表のようにまとめました。「微生物レベルの清潔」を目的とする食品衛生7Sは、HACCPシステムの土台となるものです。そのため、この7Sをしっかりとつくり、実施していくことでHACCPがきちんと機能するようになります。

食品衛生7S各要素それぞれの定義

	7Sの要素	定　義
5S / 7S	整理	「要るものと要らないものとを区別し、要らないものを処分する」こと
	整頓	「要るものの置く場所と置き方、置く量を決めて識別する」こと
	清掃	「ゴミやホコリのないように、ピカピカにきれいに掃除をする」こと
	躾	「決められたことを、決められた通り実行する」こと 「整理・整頓・清掃・洗浄・殺菌」におけるマニュアルや手順書、約束事、ルールを守ること
	清潔	「整理・整頓・清掃・洗浄・殺菌」が「躾(習慣付け、意識付け)」で維持され、日頃見えないところまで「きれいな状態」であること
	洗浄	「水・湯、洗剤などを使用して、汚れを洗い清める」こと
	殺菌	「微生物を増殖させないように死滅させる」こと

HACCPの土台である「食品衛生の5S（7S）」

S EIRI 「整理」とは

要るものと要らないものを区別し要らないものを処分すること。
◇処分の判断は、経営者か店長の仕事。

S HITSUKE 「躾（習慣づけ）」とは

決められたルールを全員が守ること。
①ルールを知っていて守らない➡厳しくしかる
②知っているが、守れない➡ルール見直し・改善
③知らなかった➡納得するまで教える

S EIKETSU 「清潔」とは

「整理・整頓・清掃・洗浄・殺菌」を「躾」で維持し、日ごろ見えないところまで「きれいな」状態であること。

S EITON 「整頓」とは

要るものの置く場所と置き方、置く量を決めて識別すること。
◇今日入った新入社員でもわかるように。

S EISOU 「清掃」とは

ゴミやホコリのないようにピカピカに掃除をすること。
◇これは片付けではなく、明日への準備。

S ENJO 「洗浄」とは

水・湯・洗剤などで、汚れを洗い清めること。

S AKKIN 「殺菌」とは

細菌類、ウイルス、カビなどを取り除くこと。増やさないこと。

3 すべては「整理」から始まります

「安全な料理」の衛生管理の基準は、すべての従業員による「5S（7S）」の徹底が第一であり、従業員の「安全と衛生のモラル」が重要です。その第一歩は「整理」から始まります。

1. 整理

整理の極意は、不要なものを区別し処分することです。

調理場にいる人は「現場にあるもののうちで、なにが要らないものか」をわかっている場合が多いのです。しかし、処分できるのはしかるべき権限のある人であり、この人たちは「もったいない」「いつか使う」と思いがちです。

要・不要の判断がつかない場合（廃棄する決断ができない場合）は、可能な限り製造現場の外に移動させ、再度の判断をするべき期限を定めたうえで、一時保管するのがよいでしょう。

そのためにはまず、一斉に調理場から不要なモノを出してしまうことが肝要です。もったいないのは、「必要かもしれないもの」を捨てることではなく、「不要かもしれないもの」を置く場所と、それがあるためにかかる物探しの時間なのです。

2. 整頓

整理ができてこそできるのが整頓です。整頓の極意は「"決めた位置に""決めたものを""決めた数だけ"置くという作業の結果を、誰が見てもわかるように表示し、識別しながら進めていく」ということです。

①整頓は、置く場所を確保する（席を作る）こと。

②要るものをどこに置くか決める（指定席化）。

③置き場所を決め、商品名や数量を明示する(表示・色などで識別)。

④置き方、取り出し方を決める。

⑤管理担当者を決める(定位置管理)。

3. 清掃

整頓ができたら、やっと正しい清掃に進めます。

清潔な環境を維持する決め手として、清掃は重要です。

清掃とは、調理の終わった後のかたづけではなく、安全な食品を調理する準備のために、「初めに」するというくらいの意識でするものです。清掃時間を確保することが大切です。

調理場における清掃は、食品残渣などを徹底的に除去することです。なぜなら、油脂原料や粉体原料をはじめとした食品残さを放置しておくと、昆虫類が内部発生したり、カビや細菌類が増殖したりするなど、重大な食品事故が発生する原因となるからです。

①清掃ルール(担当者・頻度・方法)は決まっていますか。

②清掃計画は、作業内容によって考えられていますか。

③清掃に必要な道具などは、準備されていますか。

清掃は、見える汚れを除去することから始めるとよいのですが、「誰が、いつ、どのように除去するのか」が決まっていないと適切な清掃ができません。そのため、必ず清掃の手順などのルールを作り、実施記録も作成することで確実に実施できるようにしましょう。

4. 躾(教育・意識づけ)

躾とは、決められたルールを全員が守ることです。

自分たちが決めたルール、組織や社会で決められた規則や法令を当然のこととして実行できる環境でなければ、何をやってもうまくいきません。そのため、ルールや規則などが守れない状態である場合には、その具体的な状況

に応じて対応します。

【躾の三原則】

①ルールを知っているのに、守らない場合

　この場合、「ルールを守らないとどのような不具合が起きるのか」をしっかり言い聞かせることが必要です。例えば、手洗いルールを知っているのに守らなかった従業員に「不十分な手洗いはノロウイルスによる食中毒の原因になる」と面倒がらずにしっかり言い聞かせることが重要です。

②ルールを知っているが、守れない・守りにくい場合

　この場合はルールの内容を見直すことが必要ですので、改善案を提案する活動が重要です。

③ルールを知らなかった場合

　この場合、ルールを納得するまで教えることが必要です。特に新人、パートタイマーや外国人労働者に対しては漏れなく教育する必要があります。

　また、ルールを周知させるためには、新人にも、外国人労働者にもわかりやすい絵・図や写真中心のマニュアルを作成して提示します。例えば、衛生的手洗いなどについて、「しっかりやれ」と言葉だけで終わらせるのではなく、「具体的に、どの部分を、どのように、どのくらい洗うのか」を写真やイラストなどで示すことでルールの周知が改善されます。

5. 清潔

　食品衛生５Ｓ（７Ｓ）の目的は清潔です。

　清潔とは食品に悪影響を及ぼすことのない環境を確保することですが、具体的には異物混入、微生物汚染、化学物質汚染が起こらない環境を整備することです。異常な状況に気が付けるように、混入しにくい環境を作っていくことが必要です。

6. 洗浄

　洗浄は清掃と同様に「器具・備品・食器などの汚れを取る後始末が主目的ではなく、次の作業を汚れのない状態で行うための前作業と捉えること」が必要です。

　調理場や器具・機材などの作業環境の汚物と有害微生物を除去します。これにより微生物の汚染リスクを低減させるとともに、後の消毒・殺菌作業の有効性を向上させることができます。

　調理場における洗浄の方法は、対象物および汚れの質や量に応じて決めていく必要があります。

7. 殺菌

　食品安全の最大の目標は食中毒の防止です。そのための微生物汚染対策として、最も大事な作業が殺菌です。殺菌効果を発揮させるには、整理・整頓・清掃・洗浄を十分に行っておかなければなりません。

　十分な洗浄を通じて大半の微生物は除去できます。しかし、それでも残存する微生物がいるので、それらが料理に対して悪影響を及ぼすと考えられる場合には殺菌作業が必要となります。微生物危害の防止3原則「つけない」「増やさない」「やっつける」(P.30)においても、殺菌は洗浄と並んで重要な役割を担っています。

　殺菌を実施する際に重要になるのは、「食品に対する安全性」「環境」「コストへの配慮」で、これらの観点からいろいろな種類の方法を組合せて実施されています。

　なお、食品衛生5Sに必要として付け加えられたあと2つのS「洗浄」と「殺菌」については一般衛生管理でもっと詳しく説明します。

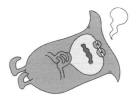

飲食店に過失がなくても、損害賠償が課せられます

　製造物責任法という法律をご存知でしょうか。PL法とも呼ばれるこの法律は、製造物の欠陥により損害が発生した場合の製造業者等の損害賠償責任を定めたものです。

　飲食店が調理した飲食物も製造物にあたり、製造物責任法の適用対象となります。

　この法律が適用されると、万が一飲食物に欠陥があれば、飲食店に故意（わざと）や過失（うっかり）があるかにかかわらず、被害者は飲食店の責任を追及できることとなります。「飲食店も気を付けていたけど避けようがない事故だった」という言い訳は通用しないのです。

　この法律は、製造物を大量生産できる大手企業だけでなく、小規模事業者や一人で切り盛りしている飲食店も等しく対象になります。

　繁盛している飲食店であれば、なおさら注意が必要です。お客様が多いということは、万が一の場合の被害者も多くなるからです。被害者一人当たりの損害額だけでも高額となりかねないのに、被害者が複数となれば損害賠償総額は莫大なものとなってしまいます。

　万が一、食中毒等の事故が発生した場合、飲食店に過失がなくても損害を賠償しなければならない、ということを肝に銘じ、念には念を入れて衛生管理を行ってください。

　併せて、万が一の損害賠償リスクに備えて、生産物賠償責任保険（PL保険）に加入しておくのも一案です。ぜひ、ご検討ください。

（今泉真昭）

第2章

小規模な飲食店のための一般衛生管理

HACCPの考えに基づくための予習

1 土台の上に立つ「食中毒予防の3原則」

　基礎の土台ができたら、いよいよ建物本体、つまり一般衛生管理に入っていきます。

　一般衛生管理は、食品の安全性を確保するうえで必ず実施しなければならない基本的な事項です。加えて、食中毒の原因の多くは一般衛生管理の実施の不備であることから、食品の安全性を確保するためには、施設設備、機械器具類の衛生管理、食品取扱者の健康や衛星の管理等の一般衛生管理を着実に実施することが不可欠と、厚生労働省の「食品衛生管理の国際標準化に関する検討会最終とりまとめについて」には記されています。

　食品(料理)を提供するお店と、それを食べるお客様とは「信頼関係」で成り立っています。「口にする食物は絶対に安全だ」というのは、食べる側にとっては当たり前のことです。だからこそ、「食品(料理)」を「安全に」お届けするために、食品(料理)を提供する皆さんは「食品衛生」についてしっかり知る(学ぶ)ことが重要なのです。

　調理場に菌などの有害微生物を持ち込んで食品に「つけない」ための方法、それでも完全にゼロにはできない菌を「増やさない」「やっつける」方法をご紹介します。大切なのは、この3原則を原材料の受け入れから下処理、調理、提供までの作業の中でしっかり機能させることです。

つけない	増やさない	やっつける
・店舗設備、器具の洗浄・殺菌 ・原材料から持ち込まない ・健康管理や手洗いなど	・食品を長時間常温に放置しない ・冷蔵・冷凍庫の温度管理など	・食材の十分な加熱など

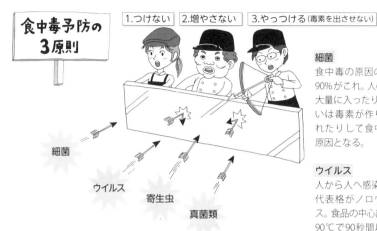

食中毒予防の3原則

1.つけない　2.増やさない　3.やっつける（毒素を出させない）

細菌　食中毒の原因の70〜90%がこれ。人の体に大量に入ったり、あるいは毒素が作り出されたりして食中毒の原因となる。

ウイルス　人から人へ感染する。代表格がノロウイルス。食品の中心部85〜90℃で90秒間以上の加熱で感染は抑えられる。

寄生虫　生肉や生の魚介類、ペットを介して人体に入り、人体内で生き続けて人体に害を与える。食品を加熱すれば予防できる。

真菌類　カビ、酵母のようにアルコール、みそ、チーズなどの食品づくりに貢献するものもあるが、悪影響を与えるものもいる。

（1）つけない

食中毒菌の食品への汚染を防ぐには、・・・・・・・・・・・・・

- ・食品を取り扱う人たちは、手指はその都度必ず衛生的手洗いを行い、常に手指の洗浄と消毒・殺菌を心がけ、身体や服装も清潔にしておく。
- ・手指や皮膚に化膿や傷のある人、下痢などの疾患を患っている人は、直接食品を取り扱う作業には従事しない、させない。
- ・食品の原材料は新鮮なものを使用し、加熱しない生鮮食品（野菜、果物など）は十分に洗浄する。
- ・魚介類は、下処理前に流水（真水）で十分に洗浄する。
- ・生肉や生卵、魚介類、野菜などを取り扱った器具や容器は、洗浄と消毒・殺菌をする。
- ・加熱調理済み食品が再汚染を受けないように、器具や容器、手指の洗浄と消毒・殺菌を行う。

・原材料の器具や容器類は専用のものを使用し、調理済み用の器具や容器類との使い分けをする。
・冷蔵庫や冷凍庫に保管する原料や製品／半製品同士が接触したり、生肉などからドリップが落ちないように保存品はそれぞれ個別のビニール袋や容器に入れ、区別して保管する。
・使用する水には、食品製造用水（P.52）を使用し、水質検査を定期的に実施する。
・貯水槽を使っている場合は定期的な清掃や点検をする。
・有害生物（ネズミ、ゴキブリ、昆虫など）による食品への微生物汚染を防除するために、調理場の「整理、整頓、清掃」を心がけ、施設全体の「清潔と衛生」を維持し、定期的な点検と改善を行う。これらの有害生物は、食品や貯蔵品あるいは店舗に被害を及ぼすだけでなく、食品によって伝染する病気を含む疾病を広めたり、異物混入によって顧客の減少につながることもある。

（２）増やさない

食中毒菌の増殖を防ぐには・・・・・・・・・・・・・・・・
・生食肉や生卵、魚介類は低温で取り扱う。
・生食肉や生卵、魚介類は、早急に冷蔵庫に保管する。
・冷蔵庫や冷凍庫から取り出す量は最小限とし、絶対に室温放置しない。
・冷凍品の解凍は、冷蔵庫を使用したり適切な方法によって行う。
・冷却や再加熱をする場合は、出来るだけ「迅速」に行う。

（３）やっつける

食品中の食中毒菌を死滅させるためには・・・・・・・・・・
・食品の中心部まで火が通るように十分に加熱する。

※食品安全の問題として食中毒は非常に重大ですが、実際の食品クレーム（苦情）としては、

異物混入問題が大きな比重を占めています。また、消費者の目も厳しくなり、クレーム件数がさらに増加していることも付け加えておきます。

法律家の立場から

お客様が体調を壊したときの賠償は‥‥

　もしも飲食店が提供した飲食物が原因で、お客様が身体を壊したら、どうなるでしょうか。

　飲食店が、故意（わざと）や過失（うっかり）によって、お客様の生命・身体・財産を害した場合には、飲食店はお客様が被った損害を賠償しなければなりません。これは、「不法行為責任」と呼ばれる民法上の責任です。

　入院や治療が発生したときは治療費相当額を、仕事を休まざるを得なかったときは休業損害といって、もらえるはずだった給料相当額を賠償しなければなりません。

　万が一、お客様に後遺症が残ってしまった場合には、逸失利益といって後遺症のため稼働能力が低下した部分についての補償を、さらに、将来にわたって後遺障害で苦しむことになるため、後遺障害慰謝料を支払う必要もあります。そうでなくても、病院にかかるのは相当なストレスが発生するため、入通院慰謝料を支払わなくてはなりません。

　これがもし、従業員が独断で犯した過ちだとしても、「使用者責任」といって、飲食店も従業員と共に損害賠償責任を負うこととなります。

（今泉真昭）

2 小規模飲食店向け「一般衛生管理」のポイント

　食中毒を起こさないようにいつも注意すべきことを表に整理すると、次のようになります。この表では、厚生労働省のあげる一般衛生管理（建物本体）に加え、よりていねいにすきまなく安全を目指すために必要と思われる項目を、私自身の考えで＊印を付けて足しています。以下、表の上から順に詳細に述べていきます。

小規模な飲食店事業者向け「一般衛生管理」の内容

A 食材関連	①原材料の受け入れの確認
	②冷蔵・冷凍庫の温度管理
	③食材の洗浄・殺菌＊
B 施設関連	①器具等の洗浄・消毒・殺菌
	②使用水等の衛生管理＊
	③店舗内外の清掃＊
	④トイレの洗浄・殺菌
	⑤ゴミの処理＊
	⑥ネズミ・害虫の駆除＊
C 従業員関連	①従業員の健康管理等
	②身だしなみ等＊
	③衛生的手洗いの実施

1. 食材関連（A）

（1）原材料の受け入れの確認

　仕入れ時の確認は、食品安全の第一歩です。まず大切なのは「信頼できる業者を探すこと」です。食品衛生に対する意識が高く、評判も良い、信頼できる納品業者を選ぶことでより良い食材を仕入れ、不良品の仕入れを減らして無駄な在庫がなくなれば経費が大幅に減り、生産性を向上させることができます。

仕入れ時に、原因を「持ち込まない」

①検品なしでの納品はダメ

②調理台の上での検品はダメ

　段ボールなどの梱包材には様々な汚染や昆虫の潜入などの可能性があるため、専用の台を決め、それを使用すること。

ワンポイント
アドバイス

＜食材を受け入れる時の注意点＞

　①食材の納品時には、担当者が必ず立ち会い、検品を行い、その結果を記録します。

　②注文と納品の品があっているか、商品名、数量、単位を確認します。

　③食材の品温、鮮度（臭い）、品質、異物の混入を確認します。

　④包装状態（容器・包装の破れ・破損）、消費期限・賞味期限などの日付表示や保存方法、アレルゲン、原産地等の表示を確認します。

　⑤不具合があった場合の対処方法は事前に社内ルールを作っておき、万が一の時は経営者に報告し、記録に残します。

　⑥食材に異常がみられた場合は、返品して新しいものと交換します。

仕入れ業者とは、契約書を交わしておきましょう

　お客様がお腹を壊した原因が、飲食店の不衛生な調理環境にあったのであれば、飲食店が責任を負うべきでしょう。ですが、飲食店が仕入れた食材がそもそも傷んでいたことが原因だとしたらどうでしょうか。飲食店も仕入れ先に対して文句を言いたいですよね。

　しかし、仕入れ先が、「傷んだ食材など納品していない」、「約束の日に配達したのに、飲食店が受け取らなかったから傷んだんだ」、「飲食店の望むとおりの方法で納品したのだから、責任はない」などと言い出したらどうしますか？

　どんな食材をいつ・どれだけ・どんな条件で仕入れるか・配送中の鮮度管理はどのようにするか、といったことを明確に取り決めておかないと、万が一、トラブルが生じた際に、困ってしまいます。仕入れ先に非がある、ということを証明できなくなってしまうからです。このようなことにならないように、仕入れ先とは契約書（取引基本契約書と受発注書）をしっかり交わし、取り引きの条件を目に見える形で残しておくことが重要です。契約書を作成しておくことは、食材代金の支払いに関するトラブルを防止するのにも役立ちます。

　仕入れ先が契約書を用意してくる場合や、インターネット上で探してきた契約書の雛形を利用することもあるでしょう。この場合には、「ひな型に載っている条項だから大丈夫」などと油断していると、場合によっては、飲食店側に不利な条件が予め記載されていないとも限りません。自身にとって不利な条件となっていないかしっかり確認し、有利となるようアレンジしたり仕入れ先と交渉して変更したうえで契約書を交わすようにしてください。

（今泉真昭）

（2）冷蔵・冷凍庫の温度管理

「保管」は自分たちの責任で場所を決め、ルールを作ります。そのとき、保存・保管時に危険を「増やさない」を考えるとともに「先入れ、先出し」がすみやかに行えるように整理・整頓して保管します。

＜温度管理をするための環境づくり＞

①それぞれ専用容器に移し替えます。

　　冷蔵・冷凍するものも、常温保存のものと同様、使用した段ボール箱や発泡スチロール箱などを調理場に持ち込まないように、検品時に合成樹脂製のプラスチックケースなどの専用容器に移し替えてから、保管します。

②置き場所を決め、温度ごと、食材ごとに区別して保管します。

③「先入れ・先出し」を徹底し、古いものが手前になるように置きます。

　　忙しい時間帯の取り違え防止にもなります。

④開封後も、賞味期限や開封した日付けを外袋に明記し、常に確認します。

⑤適切な管理ができていない場合は経営者に報告し、適切な処理を行います。

＜冷蔵庫・冷凍庫での保管中の注意点＞

温度管理が悪かった場合には、有害な微生物が増殖したり、食品の品質が劣化たりする可能性があります。飲食店で提供する料理は仕込み後に冷却するものが多いことから、適切な温度管理が必要です。

①冷蔵庫内では食品同士の相互汚染を防ぐように注意して保管します。

②加熱用の生肉や魚介類と生食する野菜類が触れ合わないように区分して保管します。

③食中毒菌が含まれることがある肉汁等の汚染を広げないために、冷蔵庫の中では、野菜は上部に保管し、肉類は下部を専用の保管場所にします。

④二次汚染防止のため、フタ付き容器に移し替え、すみやかに保管します。

⑤始業前または終業時（１日１回以上）に庫内温度を確認します（冷蔵：

10℃以下、冷凍：−15℃以下）。

⑥問題があった時は温度異常の原因を確認し、設定温度の再調整、あるい
　は故障の場合はメーカーに修理を依頼します（営業中も異常を確認した
　場合は随時対応します）。

⑦温度異常の間に保存していた食材は状態に応じて使用しない、または、
　加熱して提供します（調理作業中に異常が発生した場合も同様）。

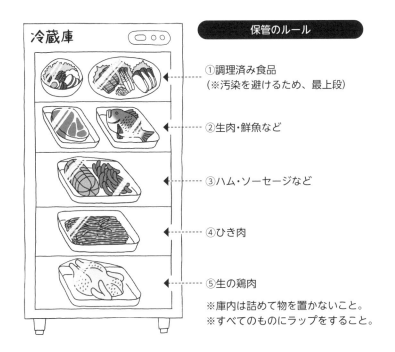

冷蔵庫

保管のルール

①調理済み食品
　（※汚染を避けるため、最上段）

②生肉・鮮魚など

③ハム・ソーセージなど

④ひき肉

⑤生の鶏肉

※庫内は詰めて物を置かないこと。
※すべてのものにラップをすること。

**ワンポイント
アドバイス**

冷蔵・冷凍庫の常識

①冷凍庫にも賞味期限在り、過信は禁物。

②定期的に整理・整頓を行う。

③食品は、たとえ冷蔵・冷凍庫でも床に直置きしない。

（3）食材の洗浄・消毒（殺菌）

洗浄とは、水と洗剤などの洗浄液を用いて汚れや微生物を取り除くことです。

＜洗浄前の確認＞

①生食する野菜・果物は、専用シンクで行うか、他の野菜より先に処理します。

②汚染度の低い野菜類を先に、汚染度の高い野菜類を後に洗浄します。

③やむを得ず汚染度の高い野菜類や加熱工程のある食品の後に生食する野菜・果実を洗わざるを得ない場合は、シンクをしっかり洗浄してからほかの野菜類を洗浄します。

＜洗浄のポイント＞

①根元に泥が付着している野菜（ホウレン草など）は根元を切り落とし、茎を流水の中で振り洗いします。シンクの底に泥や砂などが沈まなくなるまで、何回も水を入れ替えて洗います。

②皮をむく野菜は、水が循環しているシンクで表面をこすり洗いします（水に潜らせるだけでは不十分）。

③細菌が多いとされている野菜のもやしなどは、流水で洗浄します。あふれ出る場合は、ザルなどを使用します。

④虫が付着している可能性のある野菜（産地や季節などによって虫が多く付着している野菜もあるため）は、切れ目を入れたり、ばらばらにし、振り洗いを十分に行います。

＜注意点＞

①野菜、果実、食器類は洗浄剤を使用して洗浄後、流水でしっかりとすすぎます。ため水を用いる場合は、ため水をかえて2回以上すすぎます。

②洗浄作業をするときは、洗浄水が付近に飛び散り、周囲を汚染（水を介した二次汚染）することがあるので、近くに調理済み食品や洗浄済みの器具

類などを置かないようにします。

<消毒（殺菌）>

野菜や果実を消毒（殺菌）する場合には、次亜塩素酸ナトリウム溶液などは必ず食品添加物と表示のあるものを使用します。また、原液の濃度などをよく確認して使用します。

消毒（殺菌）剤を使用した際は、それらが完全に洗い落とされるまで十分に流水ですすぎます。

<酸性電解水の使用>

専用の機械で生成した酸性電解水も、野菜・果実への使用が認められています。そのたびに調製する必要がなく、水道水のように蛇口をひねるだけで使用できるので大変便利です。使用する場合には、その特性をよく理解して濃度やｐＨをチェックしながら使用しましょう。

<食材別の対処方法>

①野菜や果物

サラダや和え物など、生ものの多くは加熱処理する工程がなく、原材料由来の菌（腸管出血性大腸菌、ウエルシュ菌、セレウス菌などの食中毒菌）や虫が残っていることが考えられます。

野菜や果物を加熱せずに提供する場合には洗浄を十分に行い、必要に応じて殺菌することが必要です。野菜・果物に細菌や虫が付着している場合、流水洗浄だけですべての細菌や虫を除去することは難しいことです。したがって、できるだけ菌数を減らすために、洗浄後に次亜塩素酸ナトリウムなどを使用して消毒し、十分に流水ですすぎ洗いをすることが重要です。

②食肉

食肉や肉汁には、多くの場合、サルモネラ属菌やカンピロバクターなどの

食中毒菌がひそんでいます。

　ア）ドリップ（肉汁）などでシンク・調理台やほかの食材を汚染しないように処理します。

　イ）処理に使用した包丁、まな板、シンクの洗浄・消毒（殺菌）を行います。

　ウ）処理後の食肉は直ちに冷蔵庫に保管し、庫内での汚染（ドリップの漏れ、棚などの汚染）にも注意して保管します。

③魚介類

　魚介類の体表には腸炎ビブリオや腐敗菌など有害な細菌がついています。また、二枚貝は、ノロウイルスなどをもっていることがあります。

　ア）腸炎ビブリオは塩水を好み、真水に弱い性質なので、丸の魚は体表を流水（真水）で十分に洗います。

　イ）処理に使用した包丁、まな板、シンクはすみずみまで洗浄・消毒します。

　ウ）処理した切り身などは専用の容器に入れ、直ちに冷蔵庫に保管します。また、冷蔵庫内での相互汚染がないように注意します。

　エ）二枚貝の砂抜きをする際は、ほかの食材に吐いた水がかかって汚染しないように注意します。

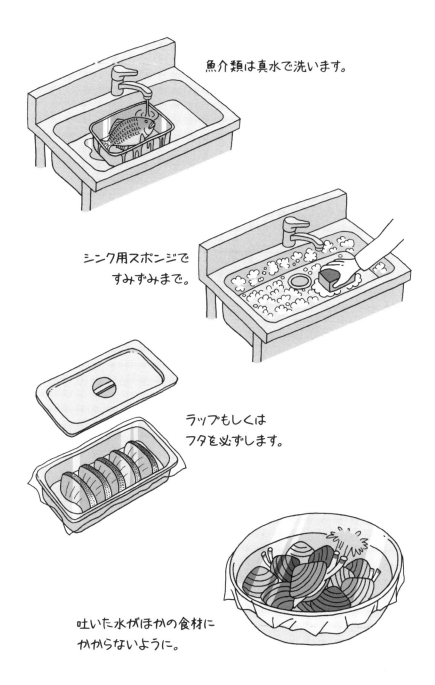

魚介類は真水で洗います。

シンク用スポンジで
すみずみまで。

ラップもしくは
フタを必ずします。

吐いた水がほかの食材に
かからないように。

2. 施設関連（B）

（1）器具類の洗浄と消毒・殺菌

　食材を調理した器具や食品を盛り付けた食器類には使用後、食品残さが付着しており、そのまま放置しておくと細菌が増殖します。また、汚れがこびりついてしまうと洗浄しにくくなります。

＜洗浄＞

　鮮魚介類、生肉、生野菜などは細菌などに汚染されている確率が高く、これらの食材を処理した後の調理器具類は必ず洗浄・殺菌する必要があります。

①食品製造用水（40℃程度の微温水が望ましい）で洗浄します。

②キッチンスポンジ、またはタワシ（合成樹脂製）に中性洗剤または弱アルカリ性洗剤をつけて十分洗浄します。

③食品製造用水（40℃程度の微温水が望ましい）でよく洗剤を洗い流します。

ア）手で洗浄する場合

①洗剤を入れた温湯に20分程度、浸漬します。

②食器に付着していた食品残さを取り除き、シンクを替える、または湯を入れ替えます。

③温湯の中で洗剤とスポンジを使用し、洗浄します。

④流水で洗剤を確実に洗い流します（ため水を用いる場合は、2回以上湯を取り替えます）。

イ）食器洗浄機で洗浄する場合

①手で洗浄する場合の①～②と同様に、予備洗浄します。

②温水で洗剤を洗い流します。

③食器洗浄機にセットし、洗浄およびすすぎを行います。

**ワンポイント
アドバイス**

食器洗浄機にセットするポイント

①つめこみすぎない。

②汚れている面を水が出る方向に向けセットする。

③コップなどの深い食器類は、水が溜まってしまうため、
　下を向けてセットする。

④取扱説明書や案内のとおりに機械の特性に合わせてセッ
　トする。

⑤機械メーカーごとに清掃、洗浄方法が異なる場合がある
　ので、取扱説明書を確認する。

⑥電気基盤などに水をかけると、故障の原因となるので注
　意する。

ウ）まな板洗浄の注意点

　使用頻度によって表面に多くの傷がつき、そこに食品残さが詰まって細菌の巣となります。洗剤を用いて包丁傷に平行にブラシなどを動かし、よくこすり落としてから温水で洗い流します。

毎回の器具扱い

まな板、包丁は食品間の感染の危険性大

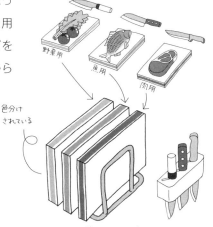

野菜用　魚用　肉用

色分け
されている

包丁やまな板は専用のものを用意し
洗浄後はよく乾燥すること

エ）フードカッター・野菜切り機洗浄の注意点

　フードカッターや野菜切り機といった調理機械は、中に食材のかすが残り、汚染の原因となる場合があります。最低1日1回以上、機械を取り外し、パーツに解体できるものは分解して、中まで洗浄し、消毒を行います。機械の内部を十分に乾燥させることも大切です。

オ）電子レンジ洗浄の注意点

　使用頻度の高い電子レンジ内部も汚れてきます。レンジ内の壁面に付着した食品残さが調理中の食品に混入する可能性もあります。電子レンジ内部も洗浄剤や清潔な布きんで掃除します。

カ）冷蔵庫内洗浄の注意点

　使用頻度が高いため、食品に由来する汚れがたまりやすい場所です。10℃以下でも増殖する細菌がいますので、定期的に内部の棚や床面を洗浄剤で洗浄し、清潔なぬれ布きんでふいた後に、乾燥させてからアルコールを噴霧します。

　また、食品残さやドリップが生じたときは随時、汚れをふき取り、洗浄剤を用いて清掃します。

＜洗浄剤の種類＞

　食品衛生の確保を目的に使用される洗浄剤には、右ページの表に示したように、食器類や野菜・果実に使用する中性洗剤、重度の油汚れに使用するアルカリ性洗浄剤、手洗いに使用する石けんなど多くの種類があります。

　これらの多くの洗浄剤には界面活性剤が配合されており、その他の成分として、アルカリ性物質、酸性物質、溶剤、研磨剤、金属イオン封鎖材などを目的により組み合わせて製剤化されています。用途に応じて、使用する洗浄剤を選びます。

主な洗浄剤とその特徴

分類	使用目的	主成分	特徴・注意点
中性洗剤	食品由来の汚れ全般、土などの食品についた汚れ	陰イオン界面活性剤	・界面活性剤の力で洗浄する ・中性なので安全性は高い ・殺菌を目的としたものではない
アルカリ性洗浄剤	特にひどい油汚れ、焦げついた汚れ、特にひどいタンパク質汚れ	水酸化ナトリウムや水酸化カリウムなどのアルカリ塩類	・中性洗剤で対応できない強い汚れ、特に油やたんぱく質をアルカリの力で溶かすことができる ・アルカリ性なので必ず手袋を使用し、目の保護などの注意が必要
酸性洗浄剤	水分中のミネラル由来の汚れ（スケールとも呼ばれる）	無機塩、有機塩	・調理場では食器洗浄機内部に付着したスケールに使用する ・次亜塩素酸ナトリウム溶液と混ぜると塩素ガスを発生するので危険
手洗い石けん	手指の洗浄	陰イオン界面活性剤（石けんを含む）	・手指の洗浄専用に用いることができる。調理場では手洗い用石けん液を使うことが望ましい ・食器用の石けんは目的が異なるので、手指の洗浄には用いない

（文部科学省「調理場における洗浄・消毒マニュアル Part 1」をもとに作成）

＜消毒・殺菌＞

　消毒とは、物理的あるいは化学的な方法で有害な細菌やウイルスを害のない程度まで減らすか、感染力を失わせるなどして無害化させることで、食中毒の発生を防ぐことが目的です。薬剤、熱、紫外線などを使いますが、消毒するものの材質や形状に合わせて方法を選びます。

　一般的なのは、80℃で5分間以上の加熱、またはこれと同等の効力（次亜塩素酸ナトリウムなどの塩素系消毒剤に浸漬するなど）で消毒・殺菌する方法です。

ア）薬剤消毒の例

　次亜塩素酸ナトリウム成分を含む市販の消毒剤を使用する場合は、清潔な容器を用意し、消毒剤の取扱説明書に従います。使用後は、次亜塩素酸ナトリウムが残存しているので水洗いし、乾燥させます。

イ）熱風消毒の例

　水を切り、食器かごに入れ、熱風消毒保管庫にて十分な温度で消毒し、乾燥保管します。

ウ）煮沸消毒の例

　沸騰している熱湯で5分間以上煮沸消毒します。消毒後は乾燥させます。

　また、加熱殺菌できない食品、手指、機械・器具類、床や壁には、上記のア）のように必要に応じて薬剤による殺菌・消毒を行いますが、主な薬剤は右ページの表のとおりです。その薬剤ごとに対象や使用濃度が異なるので、使用方法をよく確認して適切に使用します。

主な殺菌・消毒剤とその特徴

消毒・殺菌剤	使用目的	主成分	特徴・注意点
次亜塩素酸ナトリウム	野菜の殺菌、まな板などの殺菌	次亜塩素酸ナトリウム	・野菜などの殺菌ならびに調理器具の殺菌・漂白 ・野菜などの殺菌に用いる場合は、食品添加物として使用できるものを用いる ・金属腐食性が強いので注意 ・時間と共に濃度が低下するので要注意 ・アルカリ性なので必ず手袋を着用して使用する。また、換気をする
酸素系漂白剤	食器の殺菌・漂白	過炭酸ナトリウムなど	・メラミン製の容器の殺菌漂白に使用する ・殺菌力を発揮するには温水を使うことが望ましい
アルコール	調理器具の殺菌、手指の消毒	アルコール（エタノール）、有機酸などの食品添加物	・即効性のある殺菌能力を発揮する ・水分を完全に取り除いてから使用する ・引火性が高いので火の近くでは要注意
洗浄除菌剤	軽い食品由来の汚れと微生物の除去	陽イオン界面活性剤と両性あるいは非イオン界面活性剤など	・洗浄と同時に除菌もできる、特に微生物制御を必要とするときには有効 ・洗浄だけを目的とした中性洗剤と比較するとやや洗浄力は劣る

（文部科学省「調理場における洗浄・消毒マニュアル Part 1」をもとに作成）

＜保管＞

①洗浄・消毒後は、扉のついた食器戸棚かフタのある清潔な容器に保管します。扉やフタのない戸棚や容器に保管すると、衛生害虫（ハエやゴキブリなど）や埃、異物混入の原因になるので注意しましょう。

②洗浄・消毒した器具類は床から60cm以上の高さにある収納戸棚に保管します。調理台の下など、水がはねる場所に保管してはいけません。

③使用前に消毒用アルコールを噴霧し再度消毒することで、より衛生的な状態になります。

ワンポイントアドバイス

ここが盲点 !!

①金属タワシや磨き粉は食器などに傷がつくので、使わない。

②かめのこタワシは厨房では使用禁止。

③食器を長時間煮沸すると劣化を早めることもあるので注意する。

④食器洗浄機については、水温、水圧、洗剤の注入量、スケールの詰まりなどを定期的に点検する。

⑤洗剤や目に見えにくい汚れが食器に残っていないか、定期的に検査する。

⑥刃がある調理器具は、けがをしないように十分注意して取り扱う。

⑦プラスチックは熱に弱いので、乾燥温度に注意する。

⑧アルミニウムや銅は、酸に弱いので取り扱いには注意する。

注
意

薬剤の管理

　洗浄剤や殺菌・消毒剤は食品類に混入すると大変危険なので、必ず食品原材料、調理済み食品、食器や調理器具類とは離れた場所に保管します。また、ラベルなどには、種類や使用上の注意などが記載されているので剥がさずに使用します。

　過去には、洗浄剤を小分けして保管するのに食品容器を使用してしまい、別の従業員が食品と間違えて使用し、食中毒を起こした事例もあります。薬剤を小分けする際には、食品と間違えることがないように食品容器は使用せず、中身がすぐにわかるラベルを貼り、管理します。

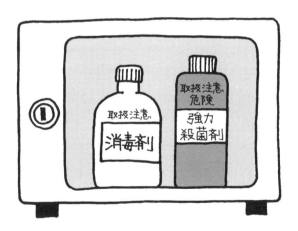

（2）使用水の衛生管理

＜衛生的な使用水の確保＞

　店舗で使用する使用水が水道水であるか、水道水で貯水槽にためたものであるか、または井戸水・沢水・湧き水などであるか確認し、食品製造用水であるか確かめて使用します。

＜使用水の検査と記録＞

　貯水槽を設置している場合や井戸水等を使用している場合は、水による有害微生物汚染を防ぐためにも、使用水の点検・記録は毎日行うことが大切です。日常は殺菌のために使用している塩素の残留濃度および異味、異臭、にごり、浮遊物の有無などの官能検査を行います。

　また、使用水が水道水以外の場合は、年１回以上の水質検査を行い、成績書を保管します。

　さらに、清潔保持するために専門業者に委託して、年１回以上清掃しましょう。清掃した証明書は１年間保管し、貯水槽の通気管には、防虫網をつけましょう。

食品製造用水って？

水道水は、水道法による水質基準（微生物を含む51項目）に適合したものが水道事業体から供給されます。水道水以外の井戸水などについては「食品添加物などの規格基準」にある一般細菌、大腸菌群などの26項目の規格に適合することが要求されます。

（平成26年の規格改正により、それまでは「飲用適」と呼ばれていたものを「食品製造用水」と読み替えることになりました。）

（3）店舗内外の清掃

＜店舗外の環境＞

①用地内の屋外

　　草を刈りゴミは所定の場所に捨て、水たまりがないようにします。屋外のゴミ箱は全て蓋をすることで害虫を防ぎます。

②店舗入り口の清掃

　　お客様が入店する第一歩、清潔な印象は重要です。

　　タイルなどの目地がある床の場合、溝に汚れが溜まりやすいので、目地に沿ってブラシを使い、洗浄します。

＜店舗内の環境＞

　床はゴミを取り除き、モップで水拭きした後、乾いたモップで乾拭きを行います。

　また、調理器具類や食器の保管場所、包装容器の保管場所など隅々まで整理・整頓・清掃を行い、定期的に点検して記録します。

HACCP導入への道

HACCP導入に向けて改善した店舗ウラ

水たまりなし　雑草なし　ゴミなし

ゴミ箱のフタ閉まっている

かつての店舗のウラ

雑草や水たまりがある害虫の溜まり場に

ゴミ箱のフタが開けっ放し

（4）トイレの洗浄・殺菌

　トイレは、可能な限りお客様用と従業員用を別々に設置することが望まれます。

＜トイレに設置、常備するもの＞

　換気装置または窓（害虫飛来防止の網戸があること）を設置してください。さらにトイレットペーパー、便座除菌スプレー、液状せっけん（固形せっけんではなく）、使い捨てペーパータオルを設置します。

＜トイレの洗浄・殺菌＞

　トイレは様々な有害な微生物に汚染される危険性が最も高い場所です。従業員がトイレの清掃を行う場合は、営業終了後に実施するのが望ましいでしょう。

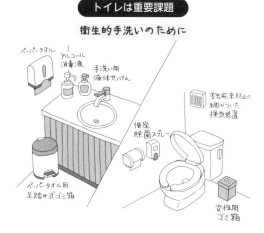

　少なくとも、仕事始めに新しい服を着用し、これから料理を作るという前にトイレ清掃をするようなことは避けてください。

　トイレの洗浄手順を以下に示します。

①汚物、吐物がないか確認します。あった場合はノロの恐れがありますので処理キットを使って殺菌します（上司への報告を忘れずに）。

②便器内を洗剤（次亜塩素酸ナトリウム溶液）を使って清掃します。その後、便座や便器外側の清掃を行い、殺菌します。

③床面のふき掃除の後、壁面やドアノブ、手すり、水洗レバーなど人が触れるか所を殺菌します。

（5）ゴミの処理

　食品を調理すると段ボール、空き容器などや野菜クズ・肉・魚介類の下処理により大量の廃棄物が出ます。また、お客様への提供後の残さも出ます。

　ゴミにはフタのある専用の容器を用意し、調理場や盛り付け場などの近くではないところに、保管場所を決めておきます。

　廃棄物は、生ゴミ、空き容器、包装資材など分別して廃棄します。

　生ゴミなどがネズミや害虫の発生源にならないように廃棄物には保管場所が必要です。また、廃棄物容器は、汚臭や液だれがしないように管理を行い、作業終了後は速やかに清掃します。

（6）ネズミ・害虫の駆除

　廃棄物の保管場所は常に清掃されていることを確認し、「すみか」にならないように定期的にネズミや衛生害虫等の駆除を行うようにしましょう。店舗内が整理・整頓されていないと、清掃・洗浄も不十分になり、ゴキブリやネズミなどの衛生害虫等のエサ場になってしまいます。

　ゴキブリやハエ、ネズミなど小動物は、サルモネラ菌、ウイルスなどの病原体を媒介する可能性があります。

　ゴキブリは、暗闇でエサや水を探し、弱ったものだけが日中に出てくるので、私たちがゴキブリを日中見つけた場合は、かなり繁殖しているサインです。

　ハエは、生ゴミや動物の排泄物を常食としていますので、ゴキブリよりも人間の健康に害を及ぼします。口や足、毛、糞、吐物によってバクテリアをまき散らしていく害虫と認識してください。

　ネズミは、動き回りながら排尿、排便をし、病気をまき散らしていくので、配達された仕入れの箱や袋と一緒に運び込まれる可能性まで注意します。

　害虫駆除には、専門業者の協力をお勧めします。安易な殺虫剤の使用は、食品、従業員、顧客に対しても危険性を伴います。また、万が一、殺虫スプレーを使用した後は、周りの壁や床、テーブル、食器類は必ず洗浄してください。

　なお、お店の従業員自身が、衛生害虫等の駆除を行う場合は、使用した薬剤などを記録します。その場合、衛生害虫駆除の薬剤などの管理についてのマニュアルを作成しておくとよいでしょう。専門業者に委託して駆除を行った場合は、その実施報告書を保管します。

3. 従業員関連（C）

（1）従業員の健康管理など

　店舗内に入る前に、体調管理表などで確認・記録を行います。

　健康状態を把握することは、事故を未然に防ぐことにもつながります。

＜手指にケガ、手荒れがある場合＞

　傷口から食品を汚染してしまうため、調理作業をさせないようにしましょう。どうしても作業しなければならない場合は、傷の手当て後に手袋を着用してから作業をさせるようにしましょう。

＜体調不良の従業員がいる場合＞

　下痢等の症状がある場合は、食品の取り扱い作業に従事させないようにしましょう。医師の診断を受け検便をさせ、有害微生物を保有していないかどうかの確認を行いましょう。

＜調理従事者の衛生管理＞

　食品を取り扱う人は、責任をもって安全な食品を調理しなければなりません。自らが二次汚染の原因となり、食中毒を起こすことなど決してあってはならないという心がけが必要です。

　そのためには食中毒の危険性のある食品などは食べないようにします。また、調理従事者本人または家族に発熱、下痢、おう吐などの症状がある場合も、かならず責任者に報告させ、調理業務に従事させないようにしましょう。

　さらに日頃から手洗いや自らの健康管理に十分配慮し、店舗が行う定期健康診断や検便は欠かさず受けさせ、管理者は従業員の健康状態を把握しましょう。

＜検便＞

　調理従事者は定期的に検便を受け、食中毒を起こす細菌やウイルスを保有していないかを調べます。感染しても発症していない不顕性感染の状態で調理作業を行うと、食中毒を起こすおそれが十分にあります。

　もし、陽性と判定されたら、再度検便を行って、細菌やウイルスが検出されなくなるまで、直接食品にふれる作業に従事させないようにしましょう。

（２）衛生的作業着の着用・身だしなみなど

　店舗・厨房に入る前に清潔な服装で衛生的な身支度を整えることも重要です。

　①調理作業中に抜け毛が生じないように、毎朝のブラッシングを習慣にしましょう。

　②長い髪の毛はまとめましょう。

　③爪は短く切りそろえましょう。

　④毎日お風呂に入り清潔にしましょう。

**ワンポイント
アドバイス**

作業中は、これをしちゃダメ

①調理場へのタバコ（作業中のくわえタバコは絶対禁止）、

　携帯電話、現金などの持ち込み。

②時計、指輪、ピアスなどのアクセサリー類の着用。

③香水の使用。

④マニキュアや付け爪、付けまつ毛の着用。

私、
お店の顔なのよ。
おしゃれしたいわ

異物混入します！

従業員への衛生教育は？

（３）衛生的手洗いの実施

　「食品衛生の基本は手洗い」と言われているように、「手洗い」は調理従事者にとってとても重要ですが、ホールのスタッフも料理を提供する前に必ず手洗いが必要です。

　人の手にはたくさんの細菌（常在細菌）が存在し、これらは通常、人の健康に害を及ぼすことはありません。しかし、手はいろいろな場所に触れるため食中毒の原因となる細菌やウイルスが付着し、食品を二次汚染してしまうおそれがあります。食中毒の予防には、これらの付着した細菌やウイルスを取り除くための手洗いがとても重要となります。衛生的な手洗い方法を身につけ、実践しましょう。

**ワンポイント
アドバイス**

自分の手指を確認しましょう

①爪は短くする。

②マニキュアは取る。

③腕時計や指輪などの装身具ははずす。

④手指に傷や手荒れがないか確認する（傷がある場合、調理作業に従事しないことが望ましいが、従事する場合は傷を手当てし、手洗い後に手袋を着用する）。

　でも、その前に、手洗い設備は整っていますか？

　望ましいのは、ひじまで洗える深さのあるシンク、手洗い用洗浄剤、手指消毒用アルコール、ペーパータオル、使用済みペーパータオル用廃棄容器、温水が出る設備等が整っていることです。

<手洗いのタイミング>

　手を洗うタイミングは、次に示すような調理従事者の手指に付着した有害な微生物が食品を汚染させる可能性の高い場面です。

・トイレの後

・調理場に入る前

・汚染源となるおそれのある食品にふれた後

・加熱工程のない食品にふれる前

・盛付け作業の前

・廃棄物を処理した後、清掃を行った後

・金銭をさわった後

<衛生的な手洗い方法>

● 手順1
流水で手を洗う。

● 手順2
洗浄剤を手に取る。

(両手を洗うのに十分な量の洗浄剤を取りましょう。)

● 手順3
手のひら、指の腹面を洗う。

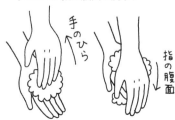

● 手順4
手の甲、指の背を洗う。

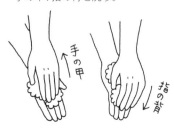

● 手順5
指の間（側面）、股（付け根）を洗う。

● 手順6
親指と親指の付け根のふくらんだ部分を洗う。

● 手順7
指先を洗う。

● 手順8
手首を洗う（内側・側面・外側）。

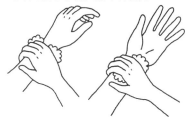

● 手順9
洗浄剤を十分な流水でよく洗い流す。

● 手順10
手を拭き乾燥させる。

● 手順11
アルコールによる消毒。

（爪下・爪周辺に直接かけた後、
手指全体によくすり込む。）

2度洗いが効果的です！
手順2〜9を繰り返して、菌や
ウイルスを洗い流しましょう。

資料：公益財団法人日本食品衛生協会

成功のカギは、従業員が守れるルールをつくること

　従業員の皆さんが衛生管理を守るには、どのようなルールを作る必要があると思いますか。異物混入や食中毒を予防するには、従業員への衛生管理教育が非常に重要になります。

　今まで不明確であったところにルールを定めたら、「どうしてそのルールがあるのか」を伝えなければなりません。そしてそのルールを浸透させるには「やって見せて」「言って聞かせて」「やらせてみて」「それを褒める」ことです。この従業員教育をしっかり行うことが、食中毒を未然に防ぐための重要なポイントです。

　一度食中毒を発生させてしまうとお客様からの信頼を回復することは難しく、信頼を取り戻すまでに時間がかかります。誰が見ても実行できる「わかりやすいルール」を作り、その都度見直しを行い、継続することによって、より質の高い「守れるルール作り」につながることを意識していただきたいと思います。

HACCPの考え方を
取り入れた
衛生管理を導入します

料理は分けてリスク管理、記録もとる

1 料理を3分類して リスク管理する

　HACCPを導入するにあたって、安全な料理を提供するためのポイントとされているのは「調理中の温度管理」です。そのため、提供するすべてのメニューを加熱、冷却、保温の観点で右表のように分類します。

1. 着目点は「温度」と「時間」

　食中毒予防の3原則「つけない」「増やさない」「やっつける」を実行するためには、『料理を危険温度とされる10〜60℃に置く時間を最短にする』ことが重要です。これを大前提として以下、お話しします。

＜各自で記録表を作り、運用する方法＞
①調理方法で料理を3つのグループに分けた後、グループごとにチェック方法を決めます。
②決められた通りに提供できなかった料理についてどうするか、あらかじめ決めておきます。また、どのようにして安全な料理を安全なまま提供するかといった方法も決めておきます。
③営業終了後に○○日誌として記録に残すことによって、調理の改善点や業務の見直しを図ることができます。
④衛生管理計画を作成するために、原材料の受け入れから保管、使用器具の洗浄、調理、料理提供までの工程を書き出し、毎日記録に残しておきます。
⑤自分たちが決めたルールを守っていることを記録に残し、それらすべてを従業員全員で共有します。

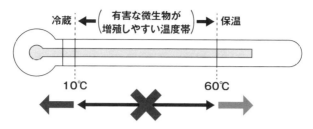

**10〜60℃の温度帯に、調理食品が長い時間
とどまらないように注意します。**

分類	項目	例	
第1グループ	加熱しないもの （冷蔵品を冷たいまま提供）	刺し身、すしだね、 酢の物、 生野菜サラダ、 わさび、ネギ、大根おろし等	10℃以下になるようにすみやかに冷却します
第2グループ	加熱後、すぐ提供するもの	焼き魚、焼き鳥、 生姜焼き、 ステーキ、 ハンバーグ、 唐揚げ、天ぷら、 フライ等	中心部まで加熱(75℃ 1分以上) 加熱後、熱いうちに提供します ひき肉料理は肉汁が透明で中心部の色が変わるまで加熱
第2グループ	加熱後、温蔵保管して提供するもの	茶わん蒸し、焼き鳥、唐揚げ、 コロッケ等、ご飯	保管は65℃以上で
第3グループ	加熱後、冷却保管し、再加熱して提供するもの	カレー、シチュー、 ソース、スープ類、 たれ等	加熱後、冷却して再加熱する場合は十分に加熱します
第3グループ	加熱後、冷却して提供するもの	ポテトサラダ、ゆで卵、 おひたし、和え物、 すしだね(加熱したもの)等	加熱後冷却するものは、すみやかに冷却します

厚生労働省HACCP(ハサップ)の考え方を取り入れた食品衛生管理の手引きを参考

➡ 巻末の帳票類のサンプル参照(P.122〜125)

2. グループごとの食中毒予防計画と記録

(1) 第1グループ

「加熱しないもの（冷蔵品を冷たいまま提供）」の場合

＜食中毒予防のポイント＞

①加熱調理しない（生のまま提供する）料理は、加熱により殺菌することができません。食材に付着している病原微生物や、調理器具や手指に付着した食中毒菌を料理に移行させないよう野菜などの洗浄・殺菌のほか、器具・食器類の洗浄・消毒・殺菌や、衛生的な手洗いを行うことが重要です。

②万が一、付着した病原微生物が残っても増殖しないよう、冷蔵庫で適切な温度管理することが大切です。

③腸管出血性大腸菌（O157など）は少量の菌数でも重篤な症状を引き起こす場合があります。ほかの食材（野菜や食肉）から汚染されることのないように管理し、また、器具・食器の洗浄・消毒・殺菌も適切に行いましょう。

④同じ非加熱グループの中でも調理工程はさまざまですが、お客様へ提供する直前まで冷蔵庫で保管することが重要となります。

<衛生管理計画(例)>

下記のように、自店の料理をすべて書き出し、衛生管理計画を作成しましょう。

グループ		主なメニュー	チェック方法（例）
第1グループ	加熱しないもの（冷蔵品を冷たいまま提供）	刺し身・すしだね	冷蔵保管している魚をさばいてすぐに提供、冷蔵庫の温度の確認等
		酢の物	調理後、提供するまで冷蔵庫で保管、冷蔵庫の温度の確認等
		生野菜サラダ	野菜をマニュアルに従って洗浄・殺菌する 盛付け、提供するまで冷蔵庫で保管、冷蔵庫の温度の確認等
		わさび、ネギ、大根おろし	調理後、提供するまで冷蔵庫で保管、冷蔵庫の温度の確認等

ア）冷蔵庫内の温度を確認して、すみやかに保管します。

<実施記録の記入方法>

衛生管理計画に沿って、チェック方法が適切に実施されたかを記入します。

第1グループに入る料理は、調理や盛り付け後すぐに冷蔵庫で保管する、または、提供することが重要です。作業終了後、すぐにチェック表に記録します。

チェック表

分類	第1グループ 加熱しないもの（冷蔵品を冷たいまま提供）	特記事項
メニュー	刺し身、酢の物	4/4 刺し身を作ったまま置いていたのですぐに冷蔵庫に入れるように注意した。
1日	良 ・ 否	
2日	良 ・ 否	
3日	良 ・ 否	
4日	良 ・ 否	
5日	良 ・ 否	
6日	良 ・ 否	

➡巻末の帳票類のサンプル参照（P.122～125）

（2）第2グループ

「加熱調理し、熱いまま提供（加熱後高温保管するもの）」の場合

＜食中毒予防のポイント＞

①加熱調理して提供する料理では、確実に加熱殺菌し、安全な料理を提供することが大切です。

②食肉などに存在している多くの有害な微生物は75℃で1分以上加熱することで死滅します。しかし、表面だけが熱くても、中心まで十分に熱が通っていないと、食材に付着した食中毒菌を「やっつけないまま」で提供することになってしまいます。十分に加熱されたときの状態や、加熱温度や時間などの確認方法を決め、中心温度計を使って記録に残しておきます。

③料理を提供する直前まで保温しておくことは、危険温度帯（10℃〜60℃）を避けるためです。したがって、60℃以上で保温します。

④盛り付け時など手指や調理器具（皿なども含む）を介して食品を汚染させないように注意しましょう。

＜衛生管理計画（例）＞

下記のように、自店の料理をすべて書き出し、衛生管理計画を作成しましょう。

	グループ	主なメニュー	チェック方法（例）
第2グループ	加熱後、すぐ提供するもの	焼き魚、焼き鳥、生姜焼き	火の強さや時間、見た目等
		ステーキ、ハンバーグ	肉汁、火の強さや時間、焼き上がりの弾力等
		唐揚げ	見た目、中心部の温度（75℃×1分以上）、焼き上がりの弾力等
		揚げ物（天ぷら、フライ）	火の強さや時間、見た目、中心部の温度の確認等
	加熱後、温蔵保管して提供するもの	茶わん蒸し、焼き鳥、唐揚げ、コロッケ	触感、見た目、高温保管庫の温度（65℃以上）の確認等
		ご飯	高温保管時の温度の確認

ア）焼き物は、大きさ（厚みなど）、火力を一定にし、焼き上げる時間、焼き目（色）、肉汁の色、触感などで判断し、食材の中心温度の確認も実施します。

イ）挽肉や鶏肉料理は、中心部まで火を通し、肉汁が透明になって中心部の色が変わるまで加熱することが必要です。

ウ）新しくメニューを考えたときなども、外観や火加減以外に実際の温度を測定しておくとチェック方法を決めやすくなります。

エ）温度管理を行うことにより、自信を持って衛生管理を進めることができます。

＜実施記録の記入方法＞

衛生管理計画に沿って、チェック方法が適切に実施されたかを記入します。

第2グループに入る料理は、外観（焼き目、肉汁の色）や材料に対する火加減を見て十分に加熱されていることを確認することが重要です。

チェック表

分類	第2グループ		特記事項
	加熱後すぐ提供するもの	加熱後、温蔵保管して提供するもの	
メニュー	ハンバーグ 天ぷら 焼き物	唐揚げ ご飯	4/2 ハンバーグの内部が赤いとクレームがあった。調理したB君に確認したところ、急いでいたので確認が十分でなかったとのことであった。B君に加熱の徹底と確認を再教育した。
1日	ⓐ良 ・ 否	ⓐ良 ・ 否	
2日	良 ・ ⓑ否	ⓐ良 ・ 否	
3日	ⓐ良 ・ 否	ⓐ良 ・ 否	
4日	ⓐ良 ・ 否	ⓐ良 ・ 否	
5日	ⓐ良 ・ 否	ⓐ良 ・ 否	
6日	良 ・ 否	良 ・ 否	

➡巻末の帳票類のサンプル参照（P.122〜125）

（3）第3グループ

　「加熱調理後冷却し、再加熱して提供、または、冷たいまま提供」の場合

<食中毒予防のポイント>

　①加熱調理したものも長時間室温に置いておくと、微生物が増えてしまい、
　　食中毒の原因になります。

　②仕込みの関係で、あらかじめ加熱調理し、冷却保存後、提供する直前に温
　　め直す料理では、危険温度（10℃～60℃）にとどまる時間を少なくする
　　ために、「すみやかな冷却」や「十分な加熱」が重要です。

　③加熱調理後、食品を冷却する場合には、容器を小分けするなどして、30
　　分以内に中心温度を20℃付近（または、60分以内に中心温度を10℃付近）
　　に下げることが重要です。

<衛生管理計画（例）>

　下記のように、自店の料理をすべて書き出し、衛生管理計画を作成しましょ
う。

	グループ	主なメニュー	チェック方法（例）
第3グループ	加熱後、冷却保管し、再加熱して提供するもの	カレー、シチュー、ソース スープ類、たれ	加熱後小分けして速やかに冷却、冷蔵庫の温度の確認等 【再加熱時】 気泡が十分に出るまで加熱、見た目、スチーマーなどで十分に加熱（加熱時間の確認等）
	加熱後、冷却して提供するもの	ポテトサラダ、ゆで卵、おひたし、和え物、すしだね（加熱したもの）	加熱後、速やかに冷却 下茹でなど行った後、小分けして速やかに冷却し冷蔵庫で保管 冷蔵庫より取り出したらすぐに提供する、冷蔵庫の温度管理等

ア）冷却時間が長すぎないか確認します。

イ）再加熱時は、十分加熱されているか確認します。

＜実施記録の記入方法＞

　衛生管理計画に沿って、チェック方法が適切に実施されたかを記入します。

　第3グループの、再加熱して提供するものでは、微生物の危険温度域を行ったり来たりしますので十分に加熱されていることを確認することが重要です。

チェック表

分類	第3グループ		特記事項
	加熱後冷却保管して、再加熱して提供するもの	加熱後、冷却して提供するもの	
メニュー	カレースープ	ポテトサラダ	4/3 スープの仕込み（加熱調理）後、冷却せずに放置されていた。まだ、湯気が立っていたので、すぐに冷却するよう指示した。
1日	ⓐ ・ 否	ⓐ ・ 否	
2日	ⓐ ・ 否	ⓐ ・ 否	
3日	良 ・ ⓑ	ⓐ ・ 否	
4日	ⓐ ・ 否	ⓐ ・ 否	
5日	ⓐ ・ 否	ⓐ ・ 否	
6日	良 ・ 否	良 ・ 否	

➡巻末の帳票類のサンプル参照(P.122〜125)

（4）第1、第2、第3グループのまとめ

　第1から第3グループまで、全体をまとめると衛生管理計画及び実施記録は以下のようになります。

　1）計画には「作成者」や「作成年月日」を必ず入れてください。

　2）チェック表には各グループ単位で良否の判定を入れます。

　　　したがってメニュー欄には自店の料理を各グループに区分けしてすべて書き出してください。

　3）問題があったとき、例えば提供する前に温度が不十分であったなどの場合は再加熱する、万一提供してしまった場合は廃棄するなど、その処理方法を全員で意思統一しておきましょう。

　4）問題があった場合は実施記録の否に○を入れ、その状況を特記事項に書き入れてください。

　5）その状況を確認した人のサインも忘れずに。

＜衛生管理計画(例)＞

	グループ	主なメニュー	チェック方法（例）
第1グループ	加熱しないもの（冷蔵品を冷たいまま提供）	刺し身・すしだね	冷蔵保管している魚をさばいてすぐに提供、冷蔵庫の温度の確認等
		酢の物	調理後、提供するまで冷蔵庫で保管、冷蔵庫の温度の確認等
		生野菜サラダ	野菜をマニュアルに従って洗浄・殺菌する 盛付け、提供するまで冷蔵庫で保管、冷蔵庫の温度の確認等
		わさび、ネギ、大根おろし	調理後、提供するまで冷蔵庫で保管、冷蔵庫の温度の確認等
第2グループ	加熱後、すぐ提供するもの	焼き魚、焼き鳥、生姜焼き	火の強さや時間、見た目等
		ステーキ、ハンバーグ	肉汁、火の強さや時間、焼き上がりの弾力等
		唐揚げ	見た目、中心部の温度（75℃×1分以上）、焼き上がりの弾力等
		揚げ物（天ぷら、フライ）	火の強さや時間、見た目、中心部の温度の確認等
	加熱後、温蔵保管して提供するもの	茶わん蒸し、焼き鳥、唐揚げ、コロッケ	触感、見た目、高温保管庫の温度（65℃以上）の確認等
		ご飯	高温保管時の温度の確認

第3グループ	加熱後、冷却保管し、再加熱して提供するもの	カレー、シチュー、ソーススープ類、たれ	加熱後小分けして速やかに冷却、冷蔵庫の温度の確認等 【再加熱時】 気泡が十分に出るまで加熱、見た目、スチーマーなどで十分に加熱（加熱時間の確認等）
	加熱後、冷却して提供するもの	ポテトサラダ、ゆで卵、おひたし、和え物、すしだね（加熱したもの）	加熱後、速やかに冷却 下茹でなど行った後、小分けして速やかに冷却し冷蔵庫で保管 冷蔵庫より取り出したらすぐに提供する、冷蔵庫の温度管理等
作成者サイン	大宮　花子		作成日　2020年1月6日

＜実施記録＞

分類	第1グループ 加熱しないもの（冷蔵品を冷たいまま提供）	第2グループ 加熱後すぐ提供するもの	第2グループ 加熱後、温蔵保管して提供するもの	第3グループ 加熱後冷却保管し、再加熱して提供するもの	第3グループ 加熱後、冷却して提供するもの	特記事項	責任者確認日付サイン
メニュー	刺し身、酢の物	ハンバーグ 天ぷら 焼き物	唐揚げ ご飯	カレー スープ	ポテトサラダ	4/2 ハンバーグの内部が赤いとクレームがあった。調理したB君に確認したところ、急いでいたので確認が十分でなかったとのことであった。B君に加熱の徹底と確認を再教育した。 4/3 スープの仕込み（加熱調理）後、冷却せずに放置されていた。まだ、湯気が立っていたので、すぐに冷却するよう指示した。	
1日	(良)・否	(良)・否	(良)・否	(良)・否	(良)・否		
2日	(良)・否	良・(否)	(良)・否	(良)・否	(良)・否		
3日	(良)・否	(良)・否	良・(否)	(良)・否	(良)・否		4/4田中
4日	(良)・否	(良)・否	(良)・否	(良)・否	(良)・否		
5日	(良)・否	(良)・否	(良)・否	(良)・否	(良)・否		
6日	良・否	良・否	良・否	良・否	良・否		

➡巻末の帳票類のサンプル参照（P.122〜125）

2 ＨＡＣＣＰには記録が必須

　今までも、記録の必要性は食品衛生法で定められていました。しかし、これからのＨＡＣＣＰの考え方を取り入れた衛生管理では、今まで紹介してきたような確認と記録票への記録が求められます。

　特に記録で「否」にチェックが入ったときに、なぜ（何が）悪かったのかその理由を必ず正直に記録してください。

1. 記録のメリット

　記録することのメリットは次のように考えられています。

（1）トラブルの防止になる

　記録を行うことにより、問題点に気づくことができ、改善を行うことによってトラブルが起きる前に危害の発生を防止することができます。大きな食中毒事故のなかには、多数の小さな衛生上の問題点が隠れていることがあり、それらを事前に見つけるには、記録が重要な手がかりになります。

（2）問題究明の証拠になる

　お店でクレームや食中毒事故などが起こった場合、発生原因となりうる問題がなかったか調査を行います。そのときに、日頃行っている記録を確認すれば、すみやかに状況を調べることができます。

　そして、お店の衛生管理がきちんと行われていた場合は、そのことを証明する重要な証拠にもなるのです。

（3）お店の信頼につながる

　お客様からクレームがきた場合に、衛生管理を正しく行っていたという記録があれば、説明することができ、お店の信頼を守ることができます。

2. 上手な記録の取り方

　とかく面倒に思われがちな確認・記録ですが、続けるためには次のようなことも考えましょう。

（1）お店の規模に合った記録を

　記録の内容は、お店の規模に合ったものから少しずつ、できるところからはじめましょう。いきなりたくさんの項目を設けてしまうと、従業員が記録を面倒に感じてしまい、習慣化されにくくなってしまいます。

（2）いつ、誰がつけた記録か

　記録をつけた日時と記録をつけた人の署名、確認を行った責任者の署名欄を設けましょう。これは、記録を管理するに当たって基本的なことであり、大切です。

記録票（例）

年　　月　　日			確認者
			記録者

（３）記録の頻度

　記録の頻度を決めておきましょう。たとえば、従業員の健康状態のチェックは毎朝作業開始前、冷蔵・冷凍庫の温度チェックは１日○回など、それぞれの項目に合った頻度を設定し、三日坊主にならないようにしましょう。

（４）記録票の様式

　記録票は、ノート式、あるいは月ごとに１枚など、残しやすい方法で実施しましょう。既存の納品伝票等に必要事項を記入し、記録として保存する方法もあります。また、項目ごとに様式を定めている記録票以外にも、下記のようにできるだけ様式の種類を少なくして1つの記録票にまとめて記録する方法もあります。

記録票を一つにまとめた例

		記録者	確認者
年　　月　　日			

1	床掃除		補修個所と内容※				
	排水溝		補修個所と内容※				
2	冷凍庫	時　　　℃		時　　　℃		時　　　℃	保守点検※
	冷蔵庫	時　　　℃		時　　　℃		時　　　℃	保守点検※
3	使用水	異常の有無			異常時の処置		
4	従事者の健康管理	異常の有無		状況			
		異常のある者					
		対処方法					

（５）不滅インクのペンで記入しよう

　記録票は、必ずボールペンなどで記入しましょう。鉛筆（シャープペンシル）で記入しようとすると、芯が折れて異物混入の原因になってしまったり、消しゴムなどですぐに消えてしまい、簡単に内容を書き換えられてしまうおそれがあります。

　また、調理場は水を使うので、文字がにじんで読めなくならないように油性のボールペンが適しています。

（6）正確に記録しよう

　業務が忙しく、つい適当に記録をつけたり、決められた頻度ではなく何日かまとめて記入してしまうこともあるようです。いいかげんに行うと、後で問題が発生した時に、その記録をもとに調査ができなくなり、記録の虚偽を疑われ責任を追及されることにもなりかねません。ときには、お店の信用問題にかかわることもあるので、正確な記録を行いましょう。

（7）記録の保存時間

　食品衛生法第3条第2項の規定に基づく食品等事業者の記録の作成及び保存に係る指針（ガイドライン）によると、記録の保存期間は、大体1〜3年間保存されることが多いようです。

（8）記録の結果から対策を練る

　記録項目の中に、正しくできず、いつも×印がついているものはありませんか？　いつまでも改善が見られないものがあれば、そのままにせず、対策を考えることが必要です。

　保健所等に相談をして指導や助言を受け、改善するようにしましょう。

（9）継続して記録をつけることの大切さ

　記録とは、一度や二度行えばよいものではなく、継続して行わなければ意味がありません。お店が多忙で記録をつける時間がない、あるいはつい忘れてしまったり、いいかげんに行ってしまうこともあるかもしれませんが、食中毒事故やクレームが発生した場合には、原因を追究するための重要な手がかりになります。しっかり衛生管理を実施した記録が残っていることで、お客様から信頼されるようにもなり、なくてはならないものなのです。

　従業員には、衛生管理の中で記録がいかに重要であるかをくり返し指導し、理解してもらうことが大切になります。

3.一般衛生管理の記録票の作成

　ＨＡＣＣＰの考え方を取り入れた衛生管理では、調理の「重要管理ポイント」以外の一般衛生管理でも記録が求められます。記録票の様式に規定はありませんが、次の項目（表内に下線を引いたもの）で例をいくつか紹介します。

　最終的には右の表のようにまとめられるとよいでしょう。

A　食材関連	①原材料の受け入れの確認 ②冷蔵・冷凍庫の温度管理 ③食材の洗浄・殺菌＊
B　施設関連	①器具等の洗浄・消毒・殺菌 ②使用水等の衛生管理＊ ③店舗内外の清掃＊ ④トイレの洗浄・殺菌 ⑤ゴミの処理＊ ⑥ネズミ・害虫の駆除＊
C　従業員関連	①従業員の健康管理等 ②身だしなみ等＊ ③衛生的手洗いの実施

　今回の厚生労働省の「ＨＡＣＣＰの考え方に基づく衛生管理」に提示されている記録すべき一般衛生管理項目は、上記の「太字」の項目です。余力があれば他の項目についても管理計画を立て、確認し、記録してください。

＜衛生管理計画（例）＞

般的衛生管理のポイント

A-①	納品時の確認 （材料、仕入品） 受入の確認	いつ	原材料の納品時・その他（　　　　　　　　　）
		どのように	外観、臭い、包装の状態、表示（期限、保存方法）、品温
		問題が あったとき	返品し、交換する
A-①	納品時の確認 （材料、仕入品） アレルゲンの確認 （対応可能な場合）	いつ	原材料の納品時・その他（　　　　　　　　　）
		どのように	包装の状態（破損、漏れの有無） 表示内容（アレルゲンの有無、発注品と同じものか）
		問題が あったとき	包装の破損・漏れがあれば交換し、他の食材に混入しないように清掃する、 発注品と異なる場合、規格書を取り寄せ原材料を確認する
A-②	庫内温度の確認 （冷蔵庫・冷凍庫）	いつ	始業前・作業中・業務終了後・その他（　　　　　　　　　）
		どのように	温度計で庫内温度を確認する （冷蔵：10℃以下、冷凍-15℃以下）
		問題が あったとき	異常の原因を確認、設定温度の再調整／故障の場合修理を依頼 食材の状態に応じて使用しない、または、加熱して提供
A-②	食材への汚染防止	いつ	始業前・作業中・業務終了後・その他（　　　　　　　　　）
		どのように	食材や仕込み品がほかの食材から汚染されないよう区分けして保管する まな板、包丁などの器具は、用途別に使い分ける
		問題が あったとき	生肉などからほかの食材に汚染があった場合は加熱調理用に変更する 用途外の器具を使用した場合も加熱調理用に変更する
B-①	器具等の 洗浄・消毒・殺菌	いつ	始業前・使用後・業務終了後・その他（　　　　　　　　　）
		どのように	使用の都度、まな板、包丁、ボウルなどの器具類を洗浄し、または、すす ぎを行い、消毒する
		問題が あったとき	使用時に汚れや洗剤などが残っていた場合は、洗剤で再度洗浄、または、 すすぎを行い、消毒する
B-④	トイレの 洗浄・殺菌	いつ	始業前・作業中・業務終了後・その他（　　　　　　　　　）
		どのように	トイレの洗浄・殺菌を行う 特に、便座、水洗レバー、手すり、ドアノブなどは入念に殺菌する
		問題が あったとき	業務中にトイレで従業員がおう吐したとの連絡があった場合は、再度洗浄・ 殺菌する
C-①	従業員の 健康管理 等	いつ	始業前・作業中・その他（　　　　　　　　　）
		どのように	従業員の体調、手の傷の有無、着衣などの確認を行う
		問題が あったとき	消化器症状がある場合は調理・盛り付け・配膳作業に従事させない 手に傷がある場合には、耐水性の絆創膏をつけた上から手袋を着用させる 汚れた作業着は交換させる
C-③	手洗いの実施	いつ	トイレの後、厨房に入る前、材料の野菜・生肉・生魚等を扱った後、作業 内容変更時、盛り付けの前、清掃・洗浄を行った後、ごみ処理後、 その他（　　　　　　　　　）
		どのように	衛生的な手洗いを行う
		問題が あったとき	作業中に従業員が必要なタイミングで手を洗っていないことを確認した場 合には、すぐに手洗いを行わせる
作成者サイン			作成日　　　　年　　　月　　　日

➡巻末の帳票類のサンプル参照（P.126）

3 項目ごとの記入例

1.食材関連（A）

（1）原材料の受け入れの確認（A－①）

①なぜ必要なのか

　腐敗しているもの、包装が破れているもの、消費期限が過ぎているもの、保存方法が守られていない原材料などには有害な微生物が増殖している可能性があるからです。

②いつ

　原材料の納品のとき。

③何をどのように

　外観、臭い、包装の状態、表示（期限、保存方法）、品温などを確認します。

④問題があったときはどうするか

　納品時、品温を確認したら高く、冷凍品が解凍していたときなどは、その場で製品を返し、「後日、冷凍品を納品してもらう」など、事前にルールを決めておき、そのルールで対応し、記録に残します。

＜衛生管理計画（例）＞

A-①	納品時の確認 （材料、仕入品） 受入の確認	いつ	原材料の納品時 その他（　　　　　　　　　）
		どのように	外観、臭い、包装の状態、表示（期限、保存方法）、品温
		問題が あったとき	返品し、交換する
A-①	納品時の確認 （材料、仕入品） アレルゲンの確認 （対応可能な場合）	いつ	原材料の納品時 その他（　　　　　　　　　）
		どのように	包装の状態（破損、漏れの有無） 表示内容（アレルゲンの有無、発注品と同じものか）
		問題が あったとき	包装の破損・漏れがあれば交換し、他の食材に混入しないように清掃する、発注品と異なる場合、規格書を取り寄せ原材料を確認する

ア）材料の納品の時は衛生管理計画の項目だけではなく、品名、納入日時、納入業者、伝票の有無、納品数、期限表示、原産地、鮮度、包装状態、異臭、異物、品温などの項目についても記録しておくとよいでしょう。

イ）冷蔵品や冷凍品は、納品時の確認の際、室温に置かれる時間をできるだけ短くし、すみやかに保管しましょう。

ウ）アレルゲン管理が必要な特定原材料（エビ、カニ、小麦、ソバ、卵、乳、落花生の特定7品目、およびこれに準じる21品目）が含まれる製品がある場合には、ほかの製品と混ざってしまわないように、専用のトレーで受け取り、区別します。

検品記録票

確認者

納入日時	品名	納入業者	伝票の有無 納品数	消費/賞味期限	原産地	異物	鮮度	包装	品温	記録者
10月21日 8:30	冷凍鶏肉	○○精肉店	有/25kg	11月20日	ブラジル	なし	○	○	-20℃	大宮

＜実施記録の記入方法＞

　衛生管理計画に沿って、いつ（例：原材料が納品されたとき）、どのように受け入れの確認を行ったか（例：外観、臭い、包装の状態、期限表示、保存方法、アレルゲンの確認）、適切に確認できれば良に○、問題があったときには否に○をします。

　問題があったとき、例えば、包装状態に不備がみられた時（袋が破れていたなど）、計画にあるように返品し交換してもらうこととなりますが、適切に対処できたか後でわかるように特記事項に記録しておきます。

➡巻末の帳票類のサンプル参照（P.129）

(2)冷蔵・冷凍庫の温度確認（A－②－(1)）

①なぜ必要なのか

　温度管理が悪かった場合には、有害な微生物が増殖したり、食品の品質が劣化したりする可能性があるからです。

②いつ

　始業前、または終業時（1日1回以上）。

③何をどのように

　温度計ですべての庫内温度を確認します（冷蔵：10℃以下、冷凍：-15℃以下）。

④問題があったときはどうするか

　温度異常の原因を確認し、設定温度の再調整、あるいは故障の場合はメーカー修理を依頼します（業務時間中も異常を確認した場合は随時対応します）。

　温度異常の間に保存していた食材は状態に応じて使用しない、または、加熱して提供します（調理作業中に異常が発生した場合も同様です）。

＜冷衛生管理計画（例）＞

A-②	庫内温度の確認 （冷蔵庫・冷凍庫）	いつ	始業前　作業中・業務終了後・その他（　　　　　　　　　　　　　）
		どのように	温度計で庫内温度を確認する （冷蔵：10℃以下、冷凍-15℃以下）
		問題が あったとき	異常の原因を確認、設定温度の再調整／故障の場合修理を依頼 食材の状態に応じて使用しない、または、加熱して提供

ア）下処理前の材料（魚、肉、野菜など）は、ほかの食材や仕込み品を汚染しないように、区分けして保管しましょう。

イ）加熱調理した仕込み品などを冷蔵保管する際は、粗熱を取るなどした後、すみやかに冷蔵しましょう。

＜実施記録の記入方法＞

　衛生管理計画に沿って、いつ（例：始業前）、どのように（例：庫内温度計の表示を確認）、確認した温度を記入します。1日に何回か測定する場合は下記のような記入用紙を用意します。

冷蔵・冷凍庫温度管理記録票

確認者	

月日	時間・温度			時間・温度			時間・温度			保守点検	清掃 （実施日を記入）	記録者
11月24日	9:05	冷蔵	6℃	13:57	冷蔵	7℃	18:07	冷蔵	8℃	異常なし	11/23済	山梨
		冷凍	-21℃		冷凍	-20℃		冷凍	-20℃			

➡巻末の帳票類のサンプル参照（P.128）

（3）交差汚染・二次汚染の防止（保管）（A－②－⑵）

①なぜ必要なのか

　保管や調理の際に、生肉や生魚介類などから他の食品へ有害な微生物の汚染が広がる可能性があるからです。

②いつ

　調理の作業中、および保管中。

③何をどのように

　生肉、生魚介類などの食材はフタ付きの容器などに入れ、冷蔵庫の最下段に他の食材と区別して保管します。

　まな板、包丁などの調理器具は、肉や魚などの用途別に使い分け、それらを扱った都度に十分洗浄し、消毒します。

④問題があったときはどうするか

　生肉などから汚染があった場合は、必ず加熱して提供します。場合によっては使用しない決断も必要です。

　また、作業開始時に、まな板や包丁などに汚れが残っている場合は、洗剤で再度洗浄し、消毒します。

＜衛生管理計画(例)＞

A-② 食材への汚染防止	いつ	始業前・<u>作業中</u>・業務終了後・その他（　　　　　　　　　）
	どのように	食材や仕込み品がほかの食材から汚染されないよう区分けして保管する まな板、包丁などの器具は、用途別に使い分ける
	問題が あったとき	生肉などからほかの食材に汚染があった場合は加熱調理用に変更する 用途外の器具を使用した場合も加熱調理用に変更する

ア)微生物ではありませんが、アレルギーを発症するエビ、カニ、小麦、ソバなどの特
　定原材料及びこれに準じる原材料はほかの食材と区別して保管する必要があり
　ます。

＜実施記録の記入方法＞

　衛生管理計画のチェック内容に沿って、適切に行っていれば良に○を、問
題があれば否に○をし、特記事項に記入します。

分類	A①納品	A①納品	A-② 庫内温度の確認 冷蔵庫・ 冷凍庫（℃）	A-② 食材への 汚染防止	B①器具	B④トイ	C①従業	C③手洗	確認者 （サイン）	特記事項	責任者 確認 （日付 サイン）
1日	・	・	4 , -16	良・否	・	・	・	・	相田	4/4 生肉が冷蔵庫の上の段に入れてあったので下の段に入れ直すように注意した。	
2日	・	・	9 , -23	良・否	・	・	・	・	相田		
3日	・	・	15 , -23 →再10℃	良・否	・	・	・	・	相田		
4日	・	・	6 , -22	良・否	・	・	・	・	相田		
5日	・	・	8 , -16	良・否	・	・	・	・	相田		

➡巻末の帳票類のサンプル参照(P.126)

2.施設関連（B）

（1）器具等の洗浄・消毒・殺菌（B－①）

①なぜ必要なのか

　調理器具・食器などからほかの食材への汚染が広がる恐れがあるからです。

②いつ

　使用後（使用の都度）。

③何をどのように

　まな板、包丁、ボウル、食器などの器具類を洗浄し、消毒します。

④問題があったときはどうするか

　使用時に汚れや洗剤などが残っていた場合は、洗剤で再度洗浄、すすぎを行い、消毒します。

毎日の記録が身を守るんだよな

＜衛生管理計画（例）＞

B-①	器具等の洗浄・消毒・殺菌	いつ	始業前 ⟨使用後⟩ 業務終了後・その他（　　　　　　　　　　　　）
		どのように	使用の都度、まな板、包丁、ボウルなどの器具類を洗浄し、または、すすぎを行い、消毒する
		問題があったとき	使用時に汚れや洗剤などが残っていた場合は、洗剤で再度洗浄、または、すすぎを行い、消毒する

ア）調理場で使用する洗剤や薬剤も保管・管理が不十分だと誤使用の危険性があります。小分けする場合は専用の容器に入れ、内容物表記が不鮮明なものは表記し直し、保管場所を決め（食材とは別の場所）、誤って使用しないようにしましょう。

＜実施記録の記入方法＞

衛生管理計画に沿って、いつ（例：使用後）、どのように（例：器具類を洗浄・消毒する）を確認し、適切に確認できれば良に〇、問題があったときは否に〇をし、特記事項に記入します。

分類	A-①納品	A-①納品	A-②庫内	A-②食材	B-①器具等の洗浄・消毒・殺菌	B-④トイレ	C-①従業	C-③手洗	確認者（サイン）	特記事項	責任者確認（日付サイン）
1日	・	・	・	・	ⓖ良 ・ 否	・	・	・	相田	4/2 ボウルを使おうとしたら、前日の食材の肉片が付着していたため、全てのボウルとザルの洗浄、消毒をやり直した。	
2日	・	・	・	・	良 ・ ⓗ否	・	・	・	相田		
3日	・	・	・	・	ⓖ良 ・ 否	・	・	・	相田		
4日	・	・	・	・	良 ・ 否	・	・	・	相田		
5日	・	・	・	・	ⓖ良 ・ 否	・	・	・	相田		

➡巻末の帳票類のサンプル参照（P.126）

（２）使用水などの衛生管理（B－②）

①なぜ必要なのか

　店舗で使用する水が病原微生物で汚染されていたり、有害物質を高濃度に含んでいたりすると、食中毒や健康被害の原因になります。

②いつ

　水を使用する前に毎日確認。または定期的な検査・清掃を行います。

③何をどのように

　日々は残留塩素濃度の確認、地震や工事があった場合は色、におい、濁り、異物の確認をします。また、貯水槽の定期検査などを計画します。

④問題があったときはどうするか

　水質検査で異常があった場合は、ただちに調理に関わる水の使用は中止して保健所に相談してください。

＜衛生管理計画(例)＞

使用水の記録票

記録者	確認者

①使用水の記録票

採取場所	採取時期	色	濁り	臭い	異物	残留塩素量
						mg/l
						mg/l
						mg/l
						mg/l
						mg/l

②井戸水、貯水槽の記録票（月1回点検）

	点検項目	点検結果
1	水道事業により供給されている水以外の井戸水等の水を使用している場合には、半年以内に水質検査が実施されていますか 検査結果は1年間保管されていますか	
2	貯水槽は清潔を保持するため、1以内に清掃が実施されていますか 清掃した証明書は1年間保管されていますか	

＜改善を行った点＞

＜計画的に改善すべき＞

井戸水、湧水などを使用している場合は食品衛生法の規格(26項目)の水質検査をきちんと受けましょう。

＜実施記録の記入方法＞

色、におい、濁り、異物の確認をし、遊離残留塩素量が0.1mg/L以上であることを確認し、数値を記入します。また貯水槽の清掃など年間計画として実施したものを記録してください。

（3）店舗内外の清掃（B－③）

①なぜ必要なのか

　ネズミ、ハエ、ゴキブリなどは微生物をまき散らします。また、天井や照明にたまった汚れやほこりは、落下して異物混入の原因になります。

②いつ

　手の届く範囲は毎日、その他は年間計画を立て実施します。

③何をどのように

　外回りとしては、駐車場や店舗の周りの雑草の除去、ゴミ箱の整理（フタがきちんとできるかの確認）、店舗内では天井や壁面、床面を清掃します。天井など高いところの汚れは見づらいものです。定期的に清掃日を決めて行いましょう。

④問題があったときはどうするか

　害虫の侵入があった場合は専門業者に駆除を依頼しましょう。

　破損か所など見つけたら、早めに補修を行います。

＜衛生管理計画（例）＞

年間計画として

項目	実施内容	予定日	担当者	実施日	確認者
衛生害虫などの駆除	ネズミ、ハエ、ゴキブリなどの駆除 （年２回、業者への依頼含む） 衛生害虫などの発生状況の確認 （月１回程度、目視などで確認）				
使用水の管理	（貯水槽）定期的に清掃（洗浄・消毒）する （井戸水）年１回以上の検査を実施する				
施設の点検	清掃時などに確認し、必要に応じ補修を行う （天井・壁面）カビ・汚れの有無 （床面）破損、水たまりの有無				
冷蔵庫・冷凍庫の清掃	定期的に庫内を清掃、消毒する （月に１～２回程度）				

年間計画・実施記録

日常の計画として

店舗・設備の清掃		責任者氏名		
場所	清掃方法	担当者	頻度	点検頻度
床	・中性洗剤とデッキブラシを用いて洗浄する ・水を切った後、塩素系消毒剤※で消毒し乾燥 　させる（その際、換気扇を回すこと）		1回 / 日	1回 / 月
内壁 （床から 1m 以内）	・中性洗剤とブラシを用いて洗浄する ・水を切った後、塩素系消毒剤※で消毒し乾燥 　させる（その際、換気扇を回すこと）		1回 / 日	1回 / 月
天井	・モップや布タオルで拭き、その後乾燥させる		1回 / 月	1回 / 月
窓 （網戸）	・中性洗剤を溶解した洗浄液で拭き掃除をし 　た後、から拭きする		1回 / 月	1回 / 月
照明器具	・蛍光灯を外してから、拭き掃除を行う		1回 / 月	1回 / 月
換気扇	①ファンの油汚れ、フィルター及びフードを 　中性洗剤で洗浄する ②換気管内の油汚れを洗浄する		①1回 / 月 ②1回 / 半年	1回 / 月
排水溝	・水洗いした後、中性洗剤とブラシで洗浄する ・トラップにある残渣を取り除く		1回 / 日	1回 / 月

※次亜塩素酸ナトリウムなど

※＜実施記録＞の記入例は、P.130,131を参照してください。

（4）トイレの洗浄・殺菌（B−④）

①なぜ必要なのか

　トイレはさまざまな有害な微生物に汚染される危険性が最も高い場所であり、トイレを利用した人の手を介して食品を汚染する可能性があるからです（ノロウイルス、腸管出血性大腸菌など）。

②いつ

　営業終了後。

③何をどのように

　トイレの床、壁面、便器内を清掃します。特に便座、水洗レバー、手すり、ドアノブなどは入念に殺菌します。

④問題があったときはどうするか

　業務中にトイレが汚れていた場合、洗剤で再度洗浄し、殺菌します。

　万一、従業員がおう吐した際のトイレの清掃方法なども、あらかじめきめておくとよいでしょう。

＜衛生管理計画（例）＞

		いつ	始業前・作業中　業務終了後　その他（　　　　　　　　　　　　　）
B-④	トイレの洗浄・殺菌	どのように	トイレの洗浄・殺菌を行う 特に、便座、水洗レバー、手すり、ドアノブなどは入念に殺菌する
		問題があったとき	業務中にトイレで従業員がおう吐したとの連絡があった場合は、再度洗浄・殺菌する

ア）清掃担当者に対して、トイレの洗浄・殺菌の必要性を共有しておくことが大切です。

イ）調理従事者が清掃を行う場合には、清掃用の作業着などに着替え、調理する食品に汚染させないように注意しましょう。

ウ）調理従事者はトイレでの汚染を避けるため、できるだけトイレ清掃を行わないようにするとよいでしょう。

＜実施記録の記入方法＞

衛生管理計画に沿って、いつ（例：業務終了後）、どのように（例：トイレの洗浄・殺菌を行う）確認し、適切に確認できれば良に〇、問題があったときは否に〇をします。

業務途中でもトイレに汚れがあった際は否に〇もしくは✓（チェック印）などを付け、すぐに清掃するなどの対応を取り、特記事項に出来事を記録しておきましょう。

分類	A①納品	A①納品	A②庫内	A②食材	B①器具	B-④ トイレの洗浄・殺菌		C①従業	C③手洗	確認者（サイン）	特記事項	責任者確認（日付サイン）
1日	・	・	・	・	・	良	・ 否	・	・	相田	4/3 開店時はきれいであったが、13時過ぎC君からトイレが汚れているとの連絡があったので、清掃し洗浄して殺菌。ノロウイルス処理キットがないので、念のため購入してください。	
2日	・	・	・	・	・	良	・ 否	・	・	相田		
3日	・	・	・	・	・	良	・ 否	・	・	相田		
4日	・	・	・	・	・	良	・ 否	・	・	相田		
5日	・	・	・	・	・	良	・ 否	・	・	相田	4/4 購入済み、A太	

➡巻末の帳票類のサンプル参照（P.126およびP.132）

3. 従業員関連（C）

（1）従業員の健康管理（C－①）

①なぜ必要なのか

　調理担当者が下痢をしていると手指などを介して食中毒が発生する危険性があります。また、手指に切り傷などがある場合は、食品が有害な微生物に汚染される可能性があるからです。

②いつ

　始業前。

③何をどのように

　従業員は自分の体調、手の傷の有無を確認し、記録に残します。

　また、使い捨て手袋の着用を過信してはいけません（手袋による交差汚染が発生することがあります）。手袋を着用する前にも衛生的な手洗いをさせます。

④問題があったときはどうするか

　上司にすみやかに報告して判断をあおぎます。

　下痢などの症状がある場合は調理作業だけでなく、盛り付け・サービスにも従事させません。

　手に傷がある場合には、耐水性絆創膏をつけた上から手袋を着用させます。汚れた作業着はすみやかに交換します。

＜衛生管理計画例＞

		いつ	始業前　作業中　その他（　　　　　　　　　　　）
C-①	従業員の 健康管理 等	どのように	従業員の体調、手の傷の有無、着衣などの確認を行う
		問題が あったとき	消化器症状がある場合は調理・盛付け・配膳作業に従事させない 手に傷がある場合には、耐水性の絆創膏をつけた上から手袋を着用させる 汚れた作業着は交換させる

ア）従業員だけではなく、その家族の健康もチェックしてください。本人に自覚症状
　が無くとも感染している場合があります。

＜実施記録の記入方法＞

　始業前に従業員の健康状態を確認し、適切に確認できれば良に〇、問題が
あったときは否に〇をします。業務途中でも体調不良の従業員がいた際は否
に〇、もしくは✓（チェック印）などを付け、帰宅させるなどの対応を取ります。
否となった場合には特記事項に出来事を記録しておきましょう。

分類	A①納品	A①納品	A②庫内	A②食材	B①器具	B④トイ	C-①従業員の健康管理 等		C③手洗	確認者（サイン）	特記事項	責任者確認（日付サイン）
1日	・	・	・	・	・	・	⦿良	・否	・	相田	4/3 A君が体調が悪そうだった、聞いたら下痢なので、帰宅させた。	
2日	・	・	・	・	・	・	⦿良	・否	・	相田		
3日	・	・	・	・	・	・	良	・⦿否	・	相田		
4日	・	・	・	・	・	・	⦿良	・否	・	相田		
5日	・	・	・	・	・	・	⦿良	・否	・	相田		

➡巻末の帳票類のサンプル参照（P.126）

　調理担当者が複数いる場合には、個人のチェック表を活用する方法もあり
ます。検便を実施した時は検査結果をつづって保管しておきましょう。

健康管理個人票

担当作業	氏名	確認
調理	狭山　奈菜	

月	発熱	下痢	怪我手,指	服装	着用品	毛髪・爪	装飾品	手洗い	改善措置等	点検者
1日	〇	〇	〇	〇	〇	〇	〇	〇	なし	大宮
2日	×37.2℃	〇	〇	〇	〇	〇	〇	〇	医師の診断後帰宅	大宮
3日										
4日										

➡巻末の帳票類のサンプル参照（P.133）

（2）衛生的な手洗いの実施（C－③）

①なぜ必要なのか

　手には目に見えない有害な微生物が付着していることがあり、食品を汚染する可能性があるからです。手洗いは見た目の汚れを落とすだけでなく、これらの有害な微生物が食品を汚染しないためにも大切です。

②いつ

　トイレで用を足した後、調理施設に入る前、盛り付けの前、作業内容変更時、生肉や生魚などを扱った後、金銭をさわった後、清掃を行った後など。

③何をどのように

　衛生的な手洗いを行います。

④問題があったときはどうするか

　作業中に従業員が必要なタイミングで手を洗っていないことを確認した場合には、すぐに、手洗いをさせます。

＜衛生管理計画（例）＞

C-③ 手洗いの実施	いつ	トイレの後、厨房に入る前、材料の野菜・生肉・生魚等を扱った後、作業内容変更時、盛り付けの前、清掃・洗浄を行った後、ごみ処理後、その他（　　　　　　　　　　　　　　　　　　　　　）
	どのように	衛生的な手洗いを行う
	問題があったとき	作業中に従業員が必要なタイミングで手を洗っていないことを確認した場合には、すぐに手洗いを行わせる

ア）手洗い後に手、指の消毒をするときは、水気が残っていては消毒効果が弱まります。しっかりと水気を取って行いましょう。

＜実施記録の記入方法＞

　作業中の手洗いの実施状況について、適切にできていれば良に〇、問題があったときは否に〇をします。否となった場合には特記事項に記録しておきましょう。

分類	A①納品	A①納品	A②庫内	A②食材	B①器具	B④トイレ	C①従業	C-③手洗いの実施	確認者（サイン）	特記事項	責任者確認（日付サイン）
1日	・	・	・	・	・	・	・	㊋ ・ 否	相田	4/2 D君がトイレの後に手を洗わず作業に戻ったので注意し手洗いさせた。	
2日	・	・	・	・	・	・	・	㊋ ・ ㊌	相田		
3日	・	・	・	・	・	・	・	㊋ ・ 否	相田		
4日	・	・	・	・	・	・	・	㊋ ・ 否	相田		
5日	・	・	・	・	・	・	・	㊋ ・ 否	相田		

➡巻末の帳票類のサンプル参照（P.126）

ワンポイントアドバイス

衛生の社内勉強会は有効です！

　日頃から、食品衛生に関して情報共有するための勉強会などは、従業員の衛生意識向上に有効です。

　特に料理の盛り付け・サービスの際に欠かせない手洗いについては、手洗い研修をして、適切な手洗いが実践できているかを再確認するだけでなく、調理従事者に加えサービス担当者も一緒に手洗いのできばえなどを評価することで手洗いの意識向上に役立てることができます。

4. まとめ

　ここまでの日々行うべき一般衛生管理の管理計画表をまとめると以下のようになります。

		いつ	原材料の納品時　その他（　　　　　　　　　　　）
A-①	納品時の確認（材料、仕入品）受入の確認	どのように	外観、臭い、包装の状態　表示（期限　保存方法）、品温
		問題があったとき	返品し、交換する
A-①	納品時の確認（材料、仕入品）アレルゲンの確認（対応可能な場合）	いつ	原材料の納品時　その他（　　　　　　　　　　　）
		どのように	包装の状態（破損、漏れの有無）表示内容（アレルゲンの有無、発注品と同じものか）
		問題があったとき	包装の破損・漏れがあれば交換し、他の食材に混入しないように清掃する、発注品と異なる場合、規格書を取り寄せ原材料を確認する
A-②	庫内温度の確認（冷蔵庫・冷凍庫）	いつ	始業前　作業中・業務終了後・そ
		どのように	温度計で庫内温度を確認する（冷蔵：10℃以下、冷凍-15℃以下）
		問題があったとき	異常の原因を確認、設定温度の再調整／故障の場合修理を依頼食材の状態に応じて使用しない、または、加熱して提供
A-②	食材への汚染防止	いつ	始業前　作業中　業務終了後・その他（　　　　　）
		どのように	食材や仕込み品がほかの食材から汚染されないよう区分けして保管するまな板、包丁などの器具は、用途別に使い分ける
		問題があったとき	生肉などからほかの食材に汚染があった場合は加熱調理用に変更する用途外の器具を使用した場合も加熱調理用に変更する
B-①	器具等の洗浄・消毒・殺菌	いつ	始業前　使用後　業務終了後・その他（　　　　　）
		どのように	使用の都度、まな板、包丁、ボウルなどの器具類を洗浄し、または、すすぎを行い、消毒する
		問題があったとき	使用時に汚れや洗剤などが残っていた場合は、洗剤で再度洗浄、または、すすぎを行い、消毒する
B-④	トイレの洗浄・殺菌	いつ	始業前　作業中・業務終了後・その他（　　　　　）
		どのように	トイレの洗浄・殺菌を行う特に、便座、水洗レバー、手すり、ドアノブなどは入念に殺菌する
		問題があったとき	業務中にトイレで従業員がおう吐したとの連絡があった場合は、再度洗浄・殺菌する
C-①	従業員の健康管理 等	いつ	始業前　作業中・その他（
		どのように	従業員の体調、手の傷の有
		問題があったとき	消化器症状がある場合は調理・盛り付け・配膳作業に従事させない手に傷がある場合には、耐水性の絆創膏をつけた上から手袋を着用させる汚れた作業着は交換させる
C-③	手洗いの実施	いつ	トイレの後、厨房に入る前、材料の野菜・生肉・生魚等を扱った後、作業内容変更時、盛り付けの前、清掃・洗浄を行った後、ごみ処理後、その他（
		どのように	衛生的な手洗いを行う
		問題があったとき	作業中に従業員が必要なタイ　合には、すぐに手洗いを行わせる
作成者サイン	渡辺		作成日　2020 年　1 月　6 日

1　該当箇所に○を付けます

2　確認方法などを記入します

3　問題があったときの対処方法をあらかじめ記入します

4　計画を記入後、作成者のサインと記入日も記載します

左ページ表に対応する確認票は、以下のようになります。

毎日の実施記録（一般的衛生管理）

分類	A-① 原材料の受入の確認	A-① アレルゲンの確認	A-② 庫内温度の確認 冷蔵庫・冷凍庫(℃)	A-② 交差汚染・二次汚染の防止	B-① 器具等の洗浄・消毒・殺菌	B-① トイレの洗浄・殺菌	C-① 従業員の健康管理	C-③ 手洗いの実施	日々のチェック	特記事項	確認者
1日	良・(否)	(良)・否	4, -16	(良)・否	(良)・否	(良)・否	(良)・否	(良)・否	花子	4/1 朝、小麦粉の包装が一部破れていたので返品。午後、再納品。	4/7 太郎
2日	(良)・否	(良)・否	9, -23	(良)・否	(良)・否	(良)・否	(良)・否	良・(否)	花子	4/2 午前、A君がトイレの後に手を洗わず作業に戻ったので、注意し手洗いさせた。	
3日	(良)・否	良・(否)	15, -23 →再10℃	(良)・否	(良)・否	(良)・否	(良)・否	(良)・否	花子	4/3 11時頃、15℃、20分後10℃ いつもより出し入れが頻繁だった為	
4日	(良)・否	(良)・否	6, -22	(良)・否	(良)・否	(良)・否	(良)・否	(良)・否	花子		
5日	(良)・否	(良)・否	8, -16	(良)・否	良・(否)	(良)・否	(良)・否	(良)・否	花子	4/5 調理の時にまな板に汚れが残っていたので再洗浄。A君の洗浄に問題があったので注意。	
6日	(良)・否	(良)・否	9, -21	(良)・否	(良)・否	良・否	(良)・否	(良)・否	花子		
7日	(良)・否	(良)・否	5, -16	(良)・否	(良)・否	(良)・否	(良)・否	(良)・否	花子	4/6 13時過ぎ、C君がトイレへ水が流れているとの連絡があったので、清掃し流水で洗浄。ノロウイルスキットがないので、念のため購入しておくこと。	
8日	(良)・否	(良)・否	9, -23	(良)・否	(良)・否	(良)・否	(良)・否	(良)・否	花子		
9日	(良)・否	(良)・否	8, -16	(良)・否	(良)・否	(良)・否	(良)・否	(良)・否	C次郎	4/7 注文文済み：太郎	
10日	(良)・否	(良)・否	6, -18	(良)・否	(良)・否	(良)・否	良・(否)	(良)・否	花子	4/9 花子一日不在、代理。4/10 朝、A君が体調不良そうだった。聞いたら下痢なので、帰宅させた。	
11日	(良)・否	(良)・否	7, -15	(良)・否	(良)・否	(良)・否	(良)・否	(良)・否	花子		
12日	(良)・否	(良)・否	8, -16	(良)・否	(良)・否	(良)・否	(良)・否	(良)・否	花子	4/11 昼、客がコップを破損、周囲の客の料理に影響はないことを確認。客の足など時にC君とテーブル、床を清掃。A君大丈夫ではないかに模様。今日、食中毒ではないか、この調子。	
13日	良・否	良・否		良・否	良・否	良・否	良・否	良・否			
14日	良・否	良・否		良・否	良・否	良・否	良・否	良・否			
15日	良・否	良・否		良・否	良・否	良・否	良・否	良・否			

4 ＩＴを活用して「情報を見える化」しよう

高橋　信

　HACCPの導入においては、衛生管理に関わる情報の「見える化」が求められます。情報の「見える化」を効率的に行う手段の一つとして、ITの活用が挙げられます。ここでは、お店の経営・運営に関わるITの活用について紹介します。

1. お店の情報を「見える化」して管理を効率的に

　お店の運営では、様々な場面でITが活用されています。中でも活用が進んでいるのは、お店の販売に関わる作業を効率化するPOSレジです。POSレジでは、お客様の会計、売り上げの集計、仕入れ・在庫の管理などを行うことができます。

　POSレジで販売情報を「見える化」することのメリットの一つは、過去の売り上げ状況から、翌日以降の売り上げが予測しやすくなることです。

　売り上げ予測を行うことで、余分な仕入れをすることなく、適正な在庫量を維持できるようになります。適正在庫が維持できれば、消費期限切れに伴う廃棄ロスを最低限に抑えることができます。また、仕入れ情報を正しく記録・把握し適正在庫を維持していれば、過って消費期限切れの材料を扱ってしまう、長期間保存により細菌が増殖してしまうなど、衛生管理上のリスクを低減することにもつながります。

　近年では、仕入れ・在庫情報をバーコードやQRコードを利用してスマートフォンで簡単に入力するなど、パソコン操作に不慣れな方でも活用できるサービスが出ています。さらに、POSレジと併せて、オーダーエントリーシステム、会計システムを活用すると、仕入れ・在庫から、注文受け付け、会計、決算まで、お店の運営に関わる多くの作業負担の軽減ができるとともに、お店情報の「見える化」が実現できます。

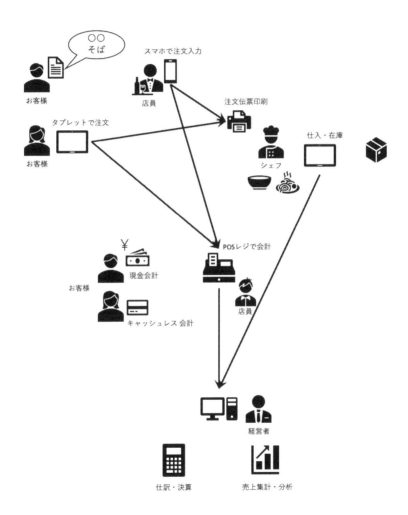

2. キャッシュレス決済導入で現金管理の手間を削減

　近年、キャッシュレス決済の導入が急速に進み始めたという印象があります。

　キャッシュレス決済といっても、いくつか種類があります。代表的な決済方法は、QRコード、ICカード、クレジットカードです。いずれの方法も、スマートフォンを活用して決済を行うことも可能です。キャッシュレス決済の導入は、支払い手段の選択肢が増えるということで、お客様にメリットが大きいです。

　お店側の視点で考えると、もっとも大きいメリットは「現金管理の手間が省ける」ことです。お客様の会計をする、事前にお釣りを用意する、日次の締め作業で現金を確認するなど、現金の扱いは日々手間がかかる作業です。キャッシュレス決済を導入し、POSレジと連動することで、これら現金管理の作業は大幅に軽減できます。

　現金の取り扱いは、衛生管理のリスクの一つです。細菌やウイルスの感染経路の一つが「人の手」であり、現金は不特定多数の人が触れています。会計などで現金を取り扱うたびに感染のリスクにつながるため、入念な手洗いが必要となります。現金に触れる回数を減らすことができれば、細菌やウイルスの感染リスクを減らすとともに、手洗いの手間も削減することができます。

　これまで、キャッシュレス決済を導入するには決済用端末を購入する初期費用がかかり、導入が見送られることもありましたが、新たに普及が進んでいるQRコード決済なら決済用端末は必要なく、初期費用がほとんどかかりません。決済手数料がかかるものの、初期費用という点ではキャッシュレス決済導入のハードルが下がっています。

　今後、キャッシュレス決済の普及がさらに進んでいくことが予想される中、多様な決済手段があるかどうかは、集客にも影響します。お店側、お客様側、双方の立場に立って、キャッシュレス決済の導入を検討しましょう。

キャッシュレス 決済導入

お客様からみると・・・

> メリット
>
> ・多様な決済手段の選択
> ・ポイント還元

お店からみると・・・

> メリット
>
> ・現金管理の手間を削減
> ・潜在顧客の獲得

お客様　¥　現金会計　店員

現金を扱うと・・・

> ・細菌やウィルス感染のリスク
> ・手洗いを頻繁に行う必要がある

お客様　キャッシュレス 会計　店員

キャッシュレス決済

> ・現金による感染リスクを回避

3.衛生管理に関わる情報の管理

　HACCPの導入にあたっては、衛生管理に関わる情報の「見える化」が求められます。情報の「見える化」のポイントは、正確に記録することと、記録した情報を必要な時に簡単に見られることです。

　「見える化」するべき情報の一つは、調理マニュアルです。衛生管理のポイントを明確にした調理マニュアルは、衛生管理リスクの低減に欠かせません。マニュアルは紙で管理すると、場所をとったり、探す手間がかかったりするため、電子データ化しタブレット端末やスマートフォンで参照できるようにすると効率的です。また、誰が見ても間違えない手順とするためには、マニュアルを動画で作成するというのも効果的です。最近では、動画マニュアルを作成するサービスも普及し始めています。

　もう一つの情報は、衛生管理チェックリストです。配達食品のチェック、冷蔵庫・冷凍庫のチェック、設備のチェックなど、日々管理する項目があります。毎日のチェック結果をしっかりと保管し、問題があった時に過去の記録を遡れるようにしておくことが重要です。管理の手間を削減するためには、電子データ化することが効率的です。電子データ化の方法はいくつかありますが、初めはExcelなどで記録する方法や、紙でチェックした結果をPDFでスキャンして保管する方法でも良いでしょう。記録しやすさを考えた場合には、お店独自の衛生管理用システムを作るという方法も考えられます。

　近年では、IoTやAIの技術が発展しています。将来的には、温度管理はセンサーを活用して自動的に記録・温度調整する、食材はカメラやセンサーで品質状態をチェックする、チェックリストは音声認識で手を使わずに記録するなど、衛生管理のチェック体制の自動化・効率化が実現されることも期待できます。

法律家の立場から

HACCPを導入しないと、どうなるか

　HACCPを導入しないとどうなるか。法的視点やコンプライアンスの視点からみてみましょう。

　HACCPに基づく衛生管理は、食品衛生法で定められた義務ですので、これを守らないのは法律違反、ということになります。現（2020年1月）時点では、HACCPを導入しないこと自体に食品衛生法上の罰則はありませんが、都道府県知事等は公衆衛生上必要な措置について、条例で必要な規定を定めることができることとされています。ですから、「法律で罰則がないから大丈夫」などと油断していると、条例違反で罰せられる、ということにもなりかねません。

　また、法令を守ることはコンプライアンスの不可欠な要素です。社会活動をしている以上、小規模企業や個人事業主であっても、従業員も含めてコンプライアンスを意識し、法令を遵守する必要があります。

　ではもし、コンプライアンスに違反するとどうなるでしょうか。

　法令違反の結果、お客様の安全や財産を傷つけたら、民事上損害賠償義務を負うことになりますし、営業停止といった行政処分を受けることにもなりかねません。たとえうっかりであっても不衛生な飲食物でお客様の身体を傷つけた場合は、警察から事情聴取を受け、場合によっては裁判にかけられ刑罰を受ける、ということもありえます。

　また、ＳＮＳ等が発達した現在、コンプライアンス違反をした飲食店の悪評は、瞬く間に世間に広まってしまいます。客足は遠のき、売上が激減、経営赤字で破産、などということも実際に起こりうることです。

　つまり、HACCPに基づく衛生管理は、飲食店経営の観点からも非常に重要な取り組みになってくるということです。

（今泉真昭）

5 外国人と協働する職場、そしてHACCP

村岡　滋

　人手不足が叫ばれる中、皆様のお店でも従業員やパートの方の採用には苦労されているかと思います。

1.外国人スタッフとのコミュニケーション方法

（1）決められたルールを運用するために

① はっきり言う、その場でいう

　外国人スタッフにとって日本語は母国語ではないので難しいです。一方、相手国の言葉で会話するにも同じように流ちょうには話せない。このような場合は、なるべく簡単な言葉で説明することが必要です。日本人にありがちな、遠回しな注意や指導は外国人には不要です。今まで生きてきた文化や環境が違うので「あ、うん」の呼吸は通じないです。注意するならば、その場で注意しましょう。あとで時間がたってから注意されるといつの事か忘れているので、怒られた当人に反省が少ないため、怒りとなって返ってきます。また、ここは日本だからといった、日本の習慣に従わせるような言動は許されません。

②接客をはじめるときに

　世界で評価される日本の接客対応やサービスですが、日本人は生まれながらに丁寧な接客を受けて生活してきましたが、外国人にとっては日本に来て、体験して初めて知るサービスですので、お客様を大切にすることが繁盛店に繋がること、サービスを受ける方の気持ちを優先した考え方をベースにした教育を心掛けましょう。例えば、日本人が挨拶で頭を下げるのはなぜか、自分がお客様であれば、どのように感じるか、喜んでもらえることがお客様との

絆を作り、再来店に繋がることを, 小さなことから勉強していきましょう。様々なマニュアルを作ることも多いかと思います。できるだけ写真やイラストを入れて言葉でなくても伝わるように努力しましょう。

③ルールを守る

　約束の時間に集まるように、決められたルールを守るのは日本人の特徴として有名ですが、世界ではルールを守ることは難しいのが普通です。HACCPの運用に関しても、この作業がなぜ必要なのか？　HACCPを遵守することでお客様の信頼と来店を促すことができ、売上に繋がることを理解してもらうことが重要です。

（2）コミュニケーションと三配り

①異文化を理解する

　島国である日本において、これまで異文化に触れることは少なかったのですが、グローバル化が進む世界と観光立国を狙う日本のインバウンド効果、そして労働者不足の問題が絡み合って、日本国内に住む、または旅行をする外国人は増加しています。その結果、今まで考えることも少なかった「異文化」への理解が必要になっています。

　異文化とは生活習慣に起因するものも多く、国が違えば生活も考え方も違ってきます。また文化のベースは宗教や政治体制にかかわることも多く、イスラム教の方であればお祈りする時間は何よりも大切ですし、ラマダンの時期は日中の断食による体調や気持ちの変化にも注意が必要です。このような宗教上の習慣なども理解して対応することが大切です。

②本人の将来を考える

　外国人スタッフのキャリアプラン（将来の夢）を店主も一緒に考えてあげることが必要です。外国人スタッフも将来のために日本に来ているのであり、人生の夢があるはずです。昇進などキャリアの流れをスタッフに見せることでやる気を引き出すことも大切です。日本人の従業員の方も一緒ですね。従業員の存在を承認してあげることで、やる気が出てくると思います。

③いつでも相談できる三配りをしましょう

　言葉が通じないからと言って、外国人だけで固まらないようにしましょう。日本人スタッフは外国語の勉強のつもりで、また異文化を学ぶつもりで接していくことが大切です。外国人スタッフにとってもいつでも相談に乗ってもらえる人がそばにいることを分かってもらうことが重要です。日本語で話しても気持ちは伝わります。「気配り・目配り・心配り」を三配りといいます。お客様と同様、異国の地で働く仲間にも心を配り、ここで、日本でずっと働きたいと思われるようにしましょう。

２．外国人の登用について

（１）外国人雇用で、気をつけること２つ

　ここでは、採用に関する就労ビザや在留資格について注意すべきポイントをお話しします。詳細は厚生労働省のホームページを参照してください。

１）在留資格を確認しましょう

　外国人労働者には、在留資格というものがあります。これは簡単にいえば日本に居てよいですよ、という証明で、この資格の種類によって採用できる（外国人にとっては勤務できる）仕事が変わってきます。大きく分けて、定住者や永住者である「身分に基づく在留資格」、「資格外活動（留学生など）」、「技能実習生」、「専門的・技術的分野の在留資格」があります。注意すべきは在留資格を持つ人以外は、勉強や技能取得のために来日した方々であって、働くために来日された方ではないということです。そのため、留学生であれば時間制限などがありますので法律は順守するように気を付けてください。

２）特定技能資格ができました。

　2019年4月にスタートした改正入管法では、新しい在留資格として「特定技能」という外食業を含めた14分野（建設、宿泊、農業、介護、造船、ビルクリーニング、漁業、飲食料品製造業、外食業、素形材産業、産業機械製造業、電子・電気機器関連産業、自動車整備業、航空業）に限って認め、外国人材を受け入れることとしました。外国人材の受け入れ制度を拡大して、国で決めたレベルの専門性・技能を持っている人材を幅広く受け入れる仕組みを新たに構築したので、外国人労働者を正社員として雇うことができるようになりました。

ＳＮＳでいったん悪評が立ってしまったら

　SNS等が発達した現在、飲食店が不潔、スタッフの対応が悪い、飲食物がマズい、といった悪評は、瞬く間に世間に広まってしまいます。インターネット上の書き込みの内容や態様によっては、刑事上、名誉棄損罪や侮辱罪、信用棄損及び業務妨害罪にあたり、処罰の対象となります。また、民事上も、名誉棄損を理由とした損害賠償問題に発展することもあります。

　ですが、飲食店にとって不愉快な事実の指摘でも、それが公共の利害に関する事実で公益目的から書き込みがなされる等、一定の場合には、名誉棄損は成立しないこととされています。飲食店は、あらゆる悪評から法的に守られている、というわけではないのです。

　それに、一度インターネット上に書き込まれ拡散された情報は、その全てをインターネット上から削除することは困難です。飲食店にとって好ましくない情報がいつまでもインターネット上にさらされ、まだ飲食店を利用したことのないお客様に対して、ネガティブな印象を与えかねません。味やサービスで勝負する以前に、お客様の選択肢から外されてしまうことが、飲食店経営にとって、どれほどの悪影響を及ぼすことでしょうか。

　悪質な名誉棄損行為等に対しては毅然と対処する必要がありますが、悪評がたってしまうこと自体が飲食店経営にとって致命傷となります。ですので、自慢のメニューや味といった本来の勝負以前のところで飲食店の評価を落とさないためにも、HACCPに基づく衛生管理や従業員教育、顧客対応といった経営管理を適切に行い、悪評を発生させないことが重要です。

（今泉真昭）

第4章

食中毒事例より

まさか、そんなこと！を検証する

1 食中毒の事例

　私たちの身に周りには、目には見えなくてもたくさんの細菌が存在しています。したがって、ほんの小さな不注意でも食中毒につながる可能性があります。加熱不足や高温域での長時間保管なども菌の増殖の原因になりますし、人の手指を介して菌が付着する等の事例も報告されています。

　いずれも一般衛生管理を理解し、実行していなかったものであり、再度注意を促すために以下に事例をあげます。

●生食による食中毒の発生

　2012年5月、某市のA飲食店で喫食した方から13名が発熱、下痢、腹痛の訴えがあった。発症者はスポーツクラブの懇親会で29名のグループで来店された。このグループには16種類のメニューが提供されていたが、喫食調査の結果、発症者に共通のメニューは手羽先としもふり（湯通しした鶏ササミ）であった。

　手羽先は200℃の油で5分間素揚げし、盛り付けするのに対し、しもふりは鶏ササミ肉を沸騰した湯に約20秒間通したものを氷でしめ、切って盛り付けて提供していた。鶏ササミは表面1mm程度白く変色していたが、ほとんど生の状態であった。A飲食店の従事者および調理施設からは食中毒菌が検出されなかったことから、原因は材料の鶏肉がカンピロバクターに汚染されていたものと考えられる。

　飲食店への聞き取りで、鶏肉に残存するカンピロバクターの危険性についての認識の低さが明らかになった。今後、食品営業者だけでなく、喫食する人への啓発も大切であると思われた。

（事例参照：信州公衆衛生雑誌.Vol7）

●某市の小学校における学校給食を通じた集団食中毒

　2014年1月、某市のA小学校の給食に提供された食パンが原因で1,271人がノロウイルスの食中毒になったため、以下のような原因食品の調査が行われた。

　ノロウイルスは85〜90℃で90秒以上加熱すれば失活する。そして、A小学校の給食は自校方式で、給食室調理にて十分な加熱がされていたので、原因食品は学校で加熱できない学校以外から仕入れていた食品（牛乳、食パン、黒豆きなこクリーム）のみに絞られた。ここで、牛乳と黒豆きなこクリームは某市以外の学校でも流通しており、他の地域では食中毒が発生していなかったために候補から外されたので、原因食品は食パンに絞られた。

　さらなる調査の結果、食中毒が発生した学校に食パンを納入していたのはすべて同一業者が製造したものだと判明し、原因食品は食パンに断定された。

　しかし、食パンは生地を200℃で50分焼成するので、生地がノロウイルスに汚染していたとしても失活するはずである。そのため、焼成後にノロウイルスの汚染が発生したものと考えられた。

　以上のことから、焼成後の工程に従事する従業員23名にノロウイルスの検査が行われた結果、4人からノロウイルスが検出された。この4人は「食パンに異物がついていないか」について食パン一枚一枚を検品していた。しかし、それは手袋を着用したうえでのことだった。

　実はこの4人については、用便後の手洗いが不十分であり、汚染していた手で手袋を着用したために、手についたノロウイルスが手袋を汚染し、結果、食パンにノロウイルスが付着するのを防げなかったのである。つまり、このケースでは、食パンの製造工程でノロウイルスを失活させることができたはずなのに、手洗いが不十分だったために重大な食中毒を引き起こすに至ったのである。

　従事者の健康チェックは、毎日入室時に自己申告方式で実施されており、製造当日も従事者に体調不良者はいなかった。不顕性患者に対し、手洗いの徹底は食中毒に対する最良の対策である。

（事例参照：IASR＜病原微生物情報＞Vol.35 2014年7月号）

●水道水によるサルモネラ中毒

　1989年9月、某町で町内に下痢、発熱を主徴とする患者が多発しているとの連絡があった。患者は16日間で680名に上った。またこの内の330名を小中学生が占めた。

　調査を進めたところ小中学生の発症者が多いこと、発症者の多くは同町上水道給水地区の住民であり、その他の発症者も地区内の職場に勤務するものであることが分かった。町内の小中学校の給食は同じ給食センターで調理されていたが、小中学生からも同様の症状を訴えるものが多いことや、給食従事者からは食中毒菌が検出されなかったことから同施設が直接的な原因とは考えられなかった。

　また、8月下旬から9月上旬の降雨後、水道水の濁りが認められていたこと、給水栓などの残留塩素の測定で、6か所の滅菌が適正に行われていなかったことから、滅菌不足による水道水の汚染が疑われた。

　浄水場では原水の濁度によりポリ塩化ナトリウムが投入され、凝集沈殿を行っている。また、急速ろ過機でろ過した後、水量に応じて次亜塩素酸ナトリウム溶液を注入し、滅菌を行っている。しかし8月下旬この地方に断続的な大雨があり、濁度測定ができなくなったまま、沈殿処理されないままろ過器を通過し浄水場に送られていた。また水質の悪化にもかかわらず滅菌機の塩素注入量も増加されていなかった。このような中で何らかの原因でサルモネラに汚染された水が、滅菌不十分のまま各家庭に給水された。

　この浄水場は機械化により通常は無人で自動運転されていたが、天候の異常または機械の故障などにより施設に異常が生じた場合の監視体制が十分に整備されておらず、種々の確認項目も記録されていなかった。

（事例参照：食衛紙 Vol.31、No5）

2 異物混入の事例

　異物混入が起きた場合、その原因は以下の２つのうちのどれかです。つまり、「①整理・整頓・清掃についての手順書がないこと」、または「②手順書があってもその内容を守れるほど躾が徹底されていないこと」が考えられます。

　HACCPを構築し運用できたとしても、このように食品衛生７Sが不徹底であれば食品製造現場は清潔でなくなるため、異物混入を避けることはできなくなるのです。

●金属片の混入

その1　和菓子から針金状の金属製異物が見つかった。小豆を煮る釜の洗浄に使用している金属製タワシの繊維が釜の洗浄作業中にちぎれ、そのまま餡の製造がおこなわれたために、餡の中に混入したものと思われた。そして釜の使用前の確認が不十分であったため、破片が除去されず残ったものである。対策として釜の洗浄後の目視確認を徹底することはもちろんであるが、直接の原因である金属タワシの使用を中止させた。

その2　和菓子に2cmほどの針金が見つかった。この場合、原料の小麦を自動計量するときに金網上で攪拌し、ふるいにかけていたが、ふるいの金網が摩耗により破損して混入したものと判明。対策として使用前後の自動計量機の点検を徹底させると共に金属探知機を設置させた。

●樹脂片の混入

その1　中華まんじゅうから三角形の厚手のビニールフィルム片が見つかった。使用原材料が入れられている合成樹脂製の袋を開封するときにハサミで二度切りし、その時生じた袋の切れ端が原料に混入し、そのまま製品が製造されたものである。

　開封方法のマニュアル化（ハサミでの二度切りの禁止）や原料をふるいにかけるなどの対策を取った。

その2　氷菓から8mm×3mm×2mmくらいの白色プラスチック片が見つかった。貯氷庫からクラッシャーへ氷を運搬するコンベアのチェーン樹脂部分（チェーン部分のプラローラー）が回転するときに無理な力が1か所に掛かり、破損し、混入したものであった。対策として、機械器具類の点検の確実な実施や部品交換時期を明確化した。

　上記2つの事例は、危害を想定したルール作りが遅れていたために発生したものです。ルールを決めた後にやっと「食品衛生7Sの躾（決めたことを守る）をいかに徹底するか」という問題に取り組めるということを再認識しましょう。

●毛髪の混入

　顧客からの異物混入のクレームで、一番多いのは毛髪の混入である。人の毛髪は約10万本といわれ、毎日のように抜ける毛髪が出てくる。つまり、10万本が5年で抜け替わるので1年間で平均約2万本が抜け落ちる。この毛髪が従業員自身から、または従業員の着衣に付着していたものが落ちて食品に混入する。さらには製造時に食品を入れる器具や容器に落下付着して食品内に混入する。

　このため毎日の確認として、体調と同時に毛髪の手入れの確認も行うことになっている。

　食品製造現場ではこれだけではなく帽子着用による毛髪落下防止、入室時のローラー掛けの徹底、原料や製品の保管カバー設置や管理の徹底、作業前の器具、容器の目視確認の徹底で対応を図っている。

●昆虫の混入

　昆虫の混入ルートは、食品製造施設内への侵入が大部分である。

　ハエが惣菜や弁当に混入した事例があるが、これは施設内に侵入したハエが製造過程の惣菜や弁当に混入したものである。また、豆腐に混入したゴキブリが見つかった事例では、豆乳に凝固剤を添加する分配製造機の混合攪拌バケットが一部開放しており、そこから混入したものであった。

　いずれの例も施設内への害虫の侵入があったことから、防虫対策および定期的な害虫駆除を行う等再発の防止を行っている。

（以上6点の事例参照：三重県｜食品衛生：異物混入事例紹介
http://www.pref.mie.lg.jp/SHOKUSEI/HP/shokuhinsoudan/35430030829.htm）

1 ネズミ・害虫対策

どのようにして有害生物を発生させないか、寄せ付けないか、侵入させないか、生息させないか、繁殖させないか、などお客様へご提供する料理の安全上からも非常に重要です。

a.ネズミ

ネズミは排水溝や屋内に生息し、雑食性で何でも食べ、その尿や糞で食品を汚染し、有害微生物の運び屋となります。身体をくねらせ1㎝程度の大きさの穴があれば通り抜けることができます。侵入を防ぐことが何より大切ですが、侵入を許した場合は、薬剤使用の安全性や死骸の回収などの問題が発生するので、専門業者に駆除を依頼します。

b.ゴキブリ

ゴキブリは雑食性で、下水、残飯、食品くずなどをエサに、あちこち動き回って有害微生物をまき散らします。夜行性で、棚や冷蔵庫・冷凍庫などの下や背面、流し台や排水溝の中、マットの下等に隠れる習性があり、暗くて、暖かく、湿気がある狭いところを好みます。調理場内を常に清潔に保ち、見かけた場合には、安全に注意して薬剤を使用し駆除します。大量発生した場合には専門の業者に相談します。

c.ハエ

ハエはゴミや動物の排泄物などを生活源としていて、自分の体に有害微生物をつけて飛び回っていますので食品を汚染したり、感染症を媒介する危険性が高いものです。調理場の内外に不潔なものを置かず、食品の残りかすなどはフタ付きの容器に入れ、ともかく寄せ付けないようにすることが重要です。

対策の第一歩は整理・整頓・清掃による清潔な環境作り！

2 食中毒のいろいろ

　食中毒には細菌性食中毒、感染症による食中毒、ウイルス性食中毒、自然毒食中毒、化学物質による食中毒などがあります。

　主な原因食品などは以下のものです。

細菌性	感染型	サルモネラ	自然界に広く分布、鶏・牛・豚などほとんどの動物が持っている。加熱により死滅する。 卵およびその加工品、食肉及びその加工品など	感染症	3類感染症（細菌性食中毒感染型）	チフス菌、パラチフスA菌、赤痢菌、コレラ菌、腸管出血性大腸菌（O157、O26、O111など）	
		腸炎ビブリオ	海水中または海泥中に生息、真水の中では生息できない。 魚介類の刺身や寿司、生ガキ	ウイルス性	ノロウイルス	人の小腸粘膜で増殖する。人から排出されたものが河川を経て二枚貝の内臓に取り込まれる。 二枚貝（カキなど）、（人の糞便や手を介して）⇒さまざまな食品	
		病原大腸菌	人や動物の腸管内、下水に生息。人や動物の糞便により拡散される。 生野菜（サラダ）、飲用水など		その他のウイルス	サポウイルス、A型肝炎ウイルスなど	
		カンピロバクター	鶏や牛、豚などの家畜、犬などのペット類の腸管内に生息。 食肉（特に鶏肉）およびその加工品など	自然毒	動物性	フグ、毒カマス、有毒貝など	
		ウエルシュ菌	健康な人や動物の腸管内、土壌や海水に広く生育する嫌気性、芽胞形成菌。熱に強い。 カレー、シチュー、スープなど		植物性	毒キノコ、ジャガイモの芽、トリカブトなど	
		エルシニア	豚が主な保菌者。冷蔵温度でも増殖する。 食肉（特に豚肉）およびその加工品など	化学性	化学物質の食品への混入	殺そ剤、殺虫剤、農薬、消毒液などの混入	
	毒素型	セレウス菌	土壌やホコリ、河川水中に広く分布する食品の腐敗菌、熱に強い。 パスタ、ピラフ、スープ、野菜など		アレルギー様食中毒	カジキ、マグロ、サンマなど	
		黄色ブドウ球菌	人の傷口、耳や鼻の穴、毛髪などに存在。増殖して毒素（エンテロトキシン）を産生する。食品取扱者との接触で汚染される。 おにぎり、調理パン、菓子など	その他	アニサキス	魚、イカの刺し身など	
		ボツリヌス菌	自然界に広く分布するきわめて嫌気的な細菌。強い神経毒を産生する。 いずし、瓶詰、缶詰など		クドアセプテンプンクタータ	ヒラメなど	
					サルコシスティス・フェイヤー	馬肉	
					その他	クリプトスポリジウムなど	

3 帳票類のサンプル

①重要管理のポイントの管理計画

重要管理のポイントの管理計画			
	グループ	主なメニュー	チェック方法（例）
第1グループ	加熱しないもの（冷蔵品を冷たいまま提供）		
第2グループ	加熱後、すぐ提供するもの		
	加熱後、温蔵保管して提供するもの		
第3グループ	加熱調理後冷却し、再加熱		
	加熱後、冷却して提供するもの		
作成者サイン			作成日　　　年　　月　　日

重要管理のポイントの管理計画		
グループ	主なメニュー	チェック方法（例）
第1グループ / 加熱しないもの（冷蔵品を冷たいまま提供）	刺し身・すしだね	
	酢の物	
	生野菜サラダ	
	わさび、ネギ、大根おろし	
第2グループ / 加熱後、すぐ提供するもの	焼き魚、焼き鳥、生姜焼き	
	ステーキ、ハンバーグ、	
	唐揚げ	
	揚げ物（天ぷら、フライ）	
加熱後、温蔵保管して提供するもの	茶わん蒸し、焼き鳥、唐揚げ、コロッケ	
	ご飯	
第3グループ / 加熱後、冷却保管し、再加熱して提供するもの	カレー、シチュー、ソース スープ類、たれ	
加熱後、冷却して提供するもの	ポテトサラダ、ゆで卵、おひたし、和え物、すしだね（加熱したもの）	
作成者サイン		作成日　　年　　月　　日

注）チェック方法はメニューに合わせて書き直してください。

②重要管理ポイントの実施確認記録（31日分）

重要管理ポイントの実施確認記録

分類 メニュー	第1グループ 加熱しないもの（冷蔵品を冷たいまま提供）	第2グループ 加熱後、すぐ提供するもの	第2グループ 加熱後、温蔵保管して提供するもの	第3グループ 加熱後、冷却保管し、再加熱して提供するもの	第3グループ 加熱後、冷却して提供するもの	確認者サイン	特記事項	責任者確認 日付 サイン
1日	良・否	良・否	良・否	良・否	良・否			
2日	良・否	良・否	良・否	良・否	良・否			
3日	良・否	良・否	良・否	良・否	良・否			
4日	良・否	良・否	良・否	良・否	良・否			
5日	良・否	良・否	良・否	良・否	良・否			
6日	良・否	良・否	良・否	良・否	良・否			
7日	良・否	良・否	良・否	良・否	良・否			
8日	良・否	良・否	良・否	良・否	良・否			
9日	良・否	良・否	良・否	良・否	良・否			
10日	良・否	良・否	良・否	良・否	良・否			
11日	良・否	良・否	良・否	良・否	良・否			
12日	良・否	良・否	良・否	良・否	良・否			
13日	良・否	良・否	良・否	良・否	良・否			
14日	良・否	良・否	良・否	良・否	良・否			
15日	良・否	良・否	良・否	良・否	良・否			

重要管理ポイントの実施確認記録

分類	第1グループ 加熱しないもの（冷蔵品を冷たいまま提供）	第2グループ 加熱後、すぐ提供するもの	加熱後、温蔵保管して提供するもの	第3グループ 加熱後、冷却保管し、再加熱して提供するもの	加熱後、冷却して提供するもの	確認者サイン	特記事項	責任者確認日付サイン
メニュー								
16日	良・否	良・否	良・否	良・否	良・否			
17日	良・否	良・否	良・否	良・否	良・否			
18日	良・否	良・否	良・否	良・否	良・否			
19日	良・否	良・否	良・否	良・否	良・否			
20日	良・否	良・否	良・否	良・否	良・否			
21日	良・否	良・否	良・否	良・否	良・否			
22日	良・否	良・否	良・否	良・否	良・否			
23日	良・否	良・否	良・否	良・否	良・否			
24日	良・否	良・否	良・否	良・否	良・否			
25日	良・否	良・否	良・否	良・否	良・否			
26日	良・否	良・否	良・否	良・否	良・否			
27日	良・否	良・否	良・否	良・否	良・否			
28日	良・否	良・否	良・否	良・否	良・否			
29日	良・否	良・否	良・否	良・否	良・否			
30日	良・否	良・否	良・否	良・否	良・否			
31日	良・否	良・否	良・否	良・否	良・否			

③一般衛生管理の毎日の実施記録（31日分）

年　　　月

分類	A-① 原材料の 受入の 確認	A-① アレルゲン の確認	A-② 庫内温度の 確認 冷蔵庫・ 冷凍庫（℃）	A-② 交差汚染・ 二次汚染 の防止	B-① 器具等の 洗浄・消毒・ 殺菌	B-④ トイレの 洗浄・消毒・殺菌	C-① 従業員の 健康管理	C-③ 手洗いの 実施	日々の チェック	特記事項	確認者
1日	良・否	良・否		良・否	良・否	良・否	良・否	良・否			
2日	良・否	良・否		良・否	良・否	良・否	良・否	良・否			
3日	良・否	良・否		良・否	良・否	良・否	良・否	良・否			
4日	良・否	良・否		良・否	良・否	良・否	良・否	良・否			
5日	良・否	良・否		良・否	良・否	良・否	良・否	良・否			
6日	良・否	良・否		良・否	良・否	良・否	良・否	良・否			
7日	良・否	良・否		良・否	良・否	良・否	良・否	良・否			
8日	良・否	良・否		良・否	良・否	良・否	良・否	良・否			
9日	良・否	良・否		良・否	良・否	良・否	良・否	良・否			
10日	良・否	良・否		良・否	良・否	良・否	良・否	良・否			
11日	良・否	良・否		良・否	良・否	良・否	良・否	良・否			
12日	良・否	良・否		良・否	良・否	良・否	良・否	良・否			
13日	良・否	良・否		良・否	良・否	良・否	良・否	良・否			
14日	良・否	良・否		良・否	良・否	良・否	良・否	良・否			
15日	良・否	良・否		良・否	良・否	良・否	良・否	良・否			

毎日の実施記録（一般的衛生管理）

毎日の実施記録（一般的衛生管理）

年　　月

分類	A-① 原材料の受入の確認	A-① アレルゲンの確認	A-② 庫内温度の確認 冷蔵庫・冷凍庫（℃）	A-② 交差汚染・二次汚染の防止	B-① 器具等の洗浄・消毒・殺菌	B-④ トイレの洗浄・消毒・殺菌	C-① 従業員の健康管理	C-③ 手洗いの実施	日々のチェック	特記事項	確認者
16日	良・否	良・否		良・否	良・否	良・否	良・否	良・否			
17日	良・否	良・否		良・否	良・否	良・否	良・否	良・否			
18日	良・否	良・否		良・否	良・否	良・否	良・否	良・否			
19日	良・否	良・否		良・否	良・否	良・否	良・否	良・否			
20日	良・否	良・否		良・否	良・否	良・否	良・否	良・否			
21日	良・否	良・否		良・否	良・否	良・否	良・否	良・否			
22日	良・否	良・否		良・否	良・否	良・否	良・否	良・否			
23日	良・否	良・否		良・否	良・否	良・否	良・否	良・否			
24日	良・否	良・否		良・否	良・否	良・否	良・否	良・否			
25日	良・否	良・否		良・否	良・否	良・否	良・否	良・否			
26日	良・否	良・否		良・否	良・否	良・否	良・否	良・否			
27日	良・否	良・否		良・否	良・否	良・否	良・否	良・否			
28日	良・否	良・否		良・否	良・否	良・否	良・否	良・否			
29日	良・否	良・否		良・否	良・否	良・否	良・否	良・否			
30日	良・否	良・否		良・否	良・否	良・否	良・否	良・否			
31日	良・否	良・否		良・否	良・否	良・否	良・否	良・否			

④冷蔵・冷凍庫の温度管理

冷蔵・冷凍庫温度管理記録票

確認者 |

月	時間・温度		時間・温度		時間・温度		保守点検	清掃 (実施日を記入)	記録者
1日	冷蔵		冷蔵		冷蔵				
	冷凍		冷凍		冷凍				
2日	冷蔵		冷蔵		冷蔵				
	冷凍		冷凍		冷凍				
3日	冷蔵		冷蔵		冷蔵				
	冷凍		冷凍		冷凍				
4日	冷蔵		冷蔵		冷蔵				
	冷凍		冷凍		冷凍				
5日	冷蔵		冷蔵		冷蔵				
	冷凍		冷凍		冷凍				
6日	冷蔵		冷蔵		冷蔵				
	冷凍		冷凍		冷凍				
7日	冷蔵		冷蔵		冷蔵				
	冷凍		冷凍		冷凍				
8日	冷蔵		冷蔵		冷蔵				
	冷凍		冷凍		冷凍				
9日	冷蔵		冷蔵		冷蔵				
	冷凍		冷凍		冷凍				
10日	冷蔵		冷蔵		冷蔵				
	冷凍		冷凍		冷凍				
11日	冷蔵		冷蔵		冷蔵				
	冷凍		冷凍		冷凍				
12日	冷蔵		冷蔵		冷蔵				
	冷凍		冷凍		冷凍				
13日	冷蔵		冷蔵		冷蔵				
	冷凍		冷凍		冷凍				
14日	冷蔵		冷蔵		冷蔵				
	冷凍		冷凍		冷凍				
15日	冷蔵		冷蔵		冷蔵				
	冷凍		冷凍		冷凍				

注)庫内温度の確認を1日に何度か行う場合は、これをもとにアレンジして
　　ください。

⑤原材料の受け入れ時の検品記録表

検品記録票

											確認者

納入日時	品名	納入業者	伝票の有無 納品数	消費/ 賞味期限	原産地	異物	鮮度	包装	品温	記録者

⑥店舗設備の衛生管理実施記録（記入例）

年間計画・実施記録					
項目	実施内容	予定日	担当者	実施日	確認者
衛生害虫などの駆除	ネズミ、ハエ、ゴキブリなどの駆除 （年2回、業者への依頼含む） 衛生害虫などの発生状況の確認 （月1回程度、目視などで確認）	A社に依頼済	山本		
使用水の管理	（貯水槽）定期的に清掃（洗浄・消毒）する （井戸水）年1回以上の検査を実施する				
施設の点検	清掃時などに確認し、必要に応じ補修を行う （天井・壁面）カビ・汚れの有無 （床面）破損、水たまりの有無	2月に実施	鈴木		
冷蔵庫・冷凍庫の清掃	定期的に庫内を清掃、消毒する （月に1～2回程度）	第1、第3水曜日に実施	鈴木	1/8済	山口

⑦店舗設備の衛生管理計画（日常）（記入例）

店舗・設備の清掃			責任者氏名		
場所	清掃方法	担当者	頻度	点検頻度
床	・中性洗剤とデッキブラシを用いて洗浄する ・水を切った後、塩素系消毒剤※で消毒し乾燥させる（その際、換気扇を回すこと）	相田	1 回 / 日	1 回 / 月
内壁 （床から 1m 以内）	・中性洗剤とブラシを用いて洗浄する ・水を切った後、塩素系消毒剤※で消毒し乾燥させる（その際、換気扇を回すこと）	相田	1 回 / 日	1 回 / 月
天井	・モップや布タオルで拭き、その後乾燥させる	相田	1 回 / 月	1 回 / 月
窓 （網戸）	・中性洗剤を溶解した洗浄液で拭き掃除をした後、から拭きする	相田	1 回 / 月	1 回 / 月
照明器具	・蛍光灯を外してから、拭き掃除を行う	相田	1 回 / 月	1 回 / 月
換気扇	①ファンの油汚れ、フィルター及びフードを中性洗剤で洗浄する ②換気管内の油汚れを洗浄する	相田	①1 回 / 月 ②1 回 / 半年	1 回 / 月
排水溝	・水洗いした後、中性洗剤とブラシで洗浄する ・トラップにある残さを取り除く	相田	1 回 / 日	1 回 / 月

※次亜塩素酸ナトリウムなど

⑧トイレの清掃・殺菌の実施計画と記録票

トイレの清掃・殺菌

いつ	作業終了後、及び汚れを見つけたとき
だれが	

どうする（どのような方法で）
　①毎日掃除する
　②便器を清掃するときはトイレ用洗剤を使用し、洗剤を流水できれいに流した後、次亜塩素酸ナトリウム溶液で便器をふきあげる
　③扉のノブ、水洗レバー、手すりを次亜塩素酸ナトリウム溶液を使用してふきあげる（0.1%の次亜塩素酸ナトリウム溶液）
　④手洗い設備では、トイレットペーパーおよび手洗い用せっけん、消毒用70%アルコール、ペーパータオルを常備して、なくなる前に補充する
　※必ずトイレ専用の清掃用具を使用すること

令和　　　年　　　月

1日（　　）		16日（　　）	
2日（　　）		17日（　　）	
3日（　　）		18日（　　）	
4日（　　）		19日（　　）	
5日（　　）		20日（　　）	
6日（　　）		21日（　　）	
7日（　　）		22日（　　）	
8日（　　）		23日（　　）	
9日（　　）		24日（　　）	
10日（　　）		25日（　　）	
11日（　　）		26日（　　）	
12日（　　）		27日（　　）	
13日（　　）		28日（　　）	
14日（　　）		29日（　　）	
15日（　　）		30日（　　）	
		31日（　　）	

⑨従業員の健康管理個人票

健康管理個人票

担当作業	氏名

確認

月	発熱	下痢	怪我 手、指	服装	着用品	毛髪・爪	装飾品	手洗い	改善措置等	点検者
1日										
2日										
3日										
4日										
5日										
6日										
7日										
8日										
9日										
10日										
11日										
12日										
13日										
14日										
15日										

■飲食店を含む食品業種の方々のための参考資料

厚生労働省ホームページから検索できます

「HACCPの考え方を取り入れた衛生管理のための手引書」

(https://www.mhlw.go.jp/stf/seisakunitsuite/bunya/0000179028_00003.html)

■資料・出典

(帳票類は自作オリジナルのもののほかは、以下＊印の資料より転載、または一部修正のうえ引用)

HACCP(ハサップ)の考え方を取り入れた食品衛生管理の手引き(飲食店編)

:厚生労働省

HACCPの考え方を取り入れた衛生管理計画・記録簿

:公益社団法人日本食品衛生協会

HACCPの考え方に基づく衛生管理のための手引書(小規模な一般飲食店事業者向け)

:公益社団法人日本食品衛生協会　＊

多店舗展開する外食事業者のための衛生管理計画作成の手引き

～HACCPの考え方を取り入れて～Ver.1:一般社団法人日本フードサービス協会

旅館・ホテルにおけるHACCPの考え方を取り入れた衛生管理手引書

:全国旅館ホテル生活衛生同業組合連合会

よくわかる食品の衛生的な取り扱い:公益社団法人日本食品衛生協会

よくわかる従業員の個人衛生:公益社団法人日本食品衛生協会

HACCP導入の手引き:公益社団法人日本食品衛生協会

たいせつな衛生管理の記録:公益社団法人日本食品衛生協会

よくわかる施設の衛生管理:公益社団法人日本食品衛生協会

効果的な洗浄と消毒:公益社団法人日本食品衛生協会

食品衛生の12章:公益社団法人日本食品衛生協会

食品衛生７Ｓ入門Ｑ＆Ａ:米虫節夫、門野久史、富島邦雄:日刊工業新聞社

食品衛生対応　はじめてのHACCP:ＮＰＯ法人食品安全ネットワーク

:日科技連出版社＊

有害生物防除マニュアル:三島博文:鶏卵肉情報センター

従業員教育マニュアル:三島博文:鶏卵肉情報センター

新人のための食品衛生:公益社団法人日本食品衛生協会

◆著者

大坪晏子 （おおつぼ やすこ）

合同会社フードプラス代表
全米レストラン協会（NRA）食品衛生管理資格認定／米国ESPCA予防管理者有資格
（PCQI）取得／国際HACCP同盟（IHA）認定リードインストラクター
フードビジネスコンサルタント
専門は衛生管理、品質管理および地域資源を生かした商品企画のコンサルティング
著作「飲食店のためのおいしいハラール食 導入ガイド」（楽工社刊 2016年）

村岡 滋 （むらおか しげる）

株式会社アップスコンサルティング 代表取締役
中小企業診断士／経済産業省認定／経営革新等支援機関（中小企業経営力強化支援法）
国内事業責任者、海外で現地法人の経営管理職の実績を基に経営戦略・販路開拓などの
アドバイス及び多数の講演、執筆活動などで活躍中

高橋 信 （たかはし まこと）

中小企業診断士／情報処理技術者（システムアーキテクト）／経営情報修士（MBA）
システムエンジニアの経験を活かしてITを専門とした経営コンサルタントとして独立。
ＩＣＴ利活用を中心とした事業拡大・利益向上のアドバイザーとして活躍中。

今泉真昭 （いまいずみ まさあき）

弁護士／中小企業診断士／経営革新等支援機関
ビジネス上の契約関係やコンプライアンス等、法律面から事業者をサポートしている。
オフィス・店舗・工場といった事業用不動産に関する悩みごとの解決にも力を入れている。

◆イラスト

小嶋義博 （こじま よしひろ）

イラストレーター／デザイナー
プロダクトデザイナー、イラストレイター、映像制作などの経歴を持つ。
現在は主にイラストレーターとして活動。

食品衛生のプロが教える

飲食店のHACCP（ハサップ）がよくわかる本

著　　　者　大坪晏子（おおつぼやすこ）

村岡　滋（むらおかしげる）／高橋　信（たかはしまこと）／今泉真昭（いまいずみまさあき）

イ ラ ス ト　小嶋義博

発 行 日　2020年3月2日　初版発行

企画・制作　有限会社 たまご社
編　　　集　松成容子
アートディレクション　佐藤暢美
デ ザ イ ン　株式会社 ツー・ファイブ

発 行 者　早嶋 茂
制 作 者　永瀬正人
発 行 所　株式会社 旭屋出版
　　　　　　〒160-0005
　　　　　　東京都新宿区愛住町23番地2　ベルックス新宿ビルⅡ6階
　　　　　　電話：03-5369-6424（編集部）／03-5369-6423（販売部）
　　　　　　FAX：03-5369-6431（販売部）
　　　　　　郵便振替：00150-1-19572
　　　　　　http://www.asahiya-jp.com

印　　　刷　株式会社シナノパブリッシングプレス